杜威著作精选

刘放桐 陈亚军 主编

哲学的改造

〔美〕约翰·杜威◎著
刘华初 马荣◎译
刘放桐◎审订

华东师范大学出版社

Schools of To-Morrow
School and Society
Human Nature and Conduct
Democracy and Education
Reconstruction in Philosophy
Psychology
The Quest for Certainty
The Public and its Problems
Art as Experience
Ethics
How We Think
Experience and Nature

目录

主编序 / 4

前言 / 8

第一章 变化中的哲学概念 / 1
第二章 哲学改造中的几个历史因素 / 23
第三章 哲学改造中的科学因素 / 43
第四章 经验与理性的观念转变 / 62
第五章 理想与现实的观念转变 / 82
第六章 逻辑改造的意义 / 105
第七章 道德观念中的改造 / 127
第八章 改造影响社会哲学 / 147

25年之后看改造:1948年《哲学的改造》
  再版导言 / 167

修订版译后记 / 196

PREFACE

主
编
序

在杜威诞辰160周年暨杜威访华100周年之际，华东师范大学出版社推出《杜威著作精选》，具有十分重要的纪念意义。

一百年来，纵观西方思想学术发展史，杜威的影响不仅没有成为过去，相反，随着20世纪后半叶的实用主义复兴，正越来越受到人们的瞩目。诚如胡适先生所言："杜威先生虽去，他的影响永远存在，将来还要开更灿烂的花，结更丰盛的果。"

在中国，杜威的命运可谓一波三折。只是在不远的过去，国人才终于摆脱了非学术的干扰，抱持认真严肃的态度，正视杜威的学术价值。于是，才有了对于杜威著作的深入研究和全面翻译。

华东师范大学出版社历来重视对于杜威著作的翻译出版，此前已推出了《杜威全集》(39卷)、《杜威选集》(6卷)的中文版，这次又在原先出版的《全集》的基础上，推出《杜威著作精选》(12种)。如此重视，如此专注，在国内外出版界都是罕见的，也是令人赞佩的。

或许读者会问，既有《全集》、《选集》的问世，为何还要推出《精选》？我们的考虑是：《全集》体量过大，对于普通读者来说，不论是购买的费用还是空间的占用，均难以承受。而《选集》由于篇幅所限，又无法将一些重要的著作全本收入。《精选》的出版，正可以弥补《全集》和《选集》的这些缺憾。

翻译是一种无止境的不断完善的过程，借这次《精选》出版的机会，我们对原先的译本做了新的校读、修正，力图使其更加可靠。但我们知道，尽管做了最大努力，由于种种原因，一定还会出现这样那样的问题。我们恳切地希望各位方家不吝赐教，以使杜威著作的翻译臻于完美。

最后，我们要特别感谢华东师范大学出版社王焰社长，感谢朱华华编辑。杜威著作的中文翻译出版，得到了华东师范大学出版社一如既往的大力支持，朱华华编辑为此付出了很多的心血。没有这种支持和付出，就没有摆在读者面前的这套《杜威著作精选》。

刘放桐　陈亚军

2019年1月28日于复旦大学

Schools of To-Morrow
School and Society
Human Nature and Conduct
Democracy and Education
Reconstruction in Philosophy
Psychology
The Quest for Certainty
The Public and its Problems
Art as Experience
Ethics
How We Think
Experience and Nature

前言

PREFATORY NOTE

今年①二三月间,我应邀在东京日本帝国大学演讲,尝试解释当前哲学中正在进行的观念和方法的改造。尽管这些讲演不可避免地带有作者个人的立场,但其目的仍然在于对新旧哲学问题进行概要性的对比,而不是带有偏见地为对这些问题的某一个特别解答作辩护。我要最大限度地展示那些使得理智改造不可避免的力量,并预想改造必定继续下去的某些路线。

凡是享受过日本人独特的盛情接待的人,如果想要找到与所受到的款待相称的方式来表达感谢的话,都会无比地困难,不知该怎么说。然而,我这里必须白纸黑字写下我对他们的感激之情,特别要记下我对东京大学哲学系诸成员,以及我亲爱的朋友小野(Ono)先生和新渡户(Nitobe)博士给予的优待与帮助令人难以忘怀的印象。

---

① 指1919年,当时杜威应邀访问日本和中国。——译者

第一章 变化中的哲学概念

CHANGING CONCEPTIONS OF PHILOSOPHY

人与低等动物可以区别开来，因为人能保存他过去的经验。过去所发生的事情，可以在其记忆中再现出来。关于今天所发生的事情，可能萦绕着一层层的念想，这些念想与人们在过去日子里所遭受到的相似的事物有关。而对于动物来说，一个经验刚发生就会随即消失，每个新的行动或感受都是彼此孤立的。但是，人类生活在这样的一个世界里，这里发生的每一件事情都充满了对以前发生的许多事件的反响和回忆，这里的每一事件都是对于其他事件的一个提示。因此，人不像野兽那样生活在一个纯粹物质的世界里，而是生活在一个充满符号和象征的世界里。一块石头不只是人们撞上它后所感觉到硬的一个东西，它也许还是怀念已故先人的一块纪念碑。一团火焰不仅仅是能温暖人或者燃烧的某种东西，而且也许还是持久的家庭生活的一个象征符号，它会给游子提供一个流浪归来所向往的欢乐、饮食和庇护之所。这团火不光是会灼伤人的普通的火，也是一个人热爱、并为之战斗的家的壁炉中的火。所有这些标志人性与兽性之间、文化与单纯物理自然之间差异的东西之所以如此，都是由于人会记忆、保存而且记录其经验之故。

然而，记忆的再现很少是原义不变的。我们自然记得什么让我们感兴趣，而且正是因为它让我们感兴趣（我们才记住了它）。我们追忆过去并不是因为过去本身，而是因为它丰富了我们的现在。所以，记忆的生命力原本是情感的，而不是智力的、实践的。野蛮人回忆起昨天与某个动物的搏斗，并不是为了要以科学的方法去研究那个动物的诸性质，或者想明天如何更好地搏斗，而是想通过重现昨天的惊险刺激来解除今天的单调无聊。记忆拥有战斗时所有的兴奋与刺激，却没有其危险和焦虑。对战斗的回想与品味就是为了给当下时刻增添一种新的意义，一种与实际上属于当下或者过去的意义都不相同的意义。记忆是替代性的经验，它拥有实际经验的所有情感价值，而无其紧张、不确定性与麻烦。战斗的胜利感在纪念战斗的舞蹈中，比胜利的那一刻更加强烈；当狩猎追逐的经验在篝火边被反复谈论和重演时，有意识的、真正人性的狩猎经验将会产生出来。这个时候，注意力被实践细节和不确定性的紧张感所占据，只有到后来，各种细节情形才组合成一个故事，融合成为一个完整的意义整体。在实践经验的时候，人是一个瞬间又一个瞬间地存在着的，全神贯注于一个瞬间的任务。当他在头脑里重新回忆既往的所有时间片段时，一场戏剧便浮现出来，有开始、中间阶段，有朝向成败高潮的运动。

既然人们只是因为过去的经验可以对当前的闲暇增添兴趣——否则，将会是空虚的——才去再现它，那么，记忆的原初生命力就体现为幻想和想象，而不是精确的回忆了。它毕竟只不过是一段故事、一场戏剧而已。只有那些具有当下情感价值的事件才会被挑选出来，以便在想象中得到复述，或者向一个倾听者讲述这段故事时增强其当前叙述的故事性效果。而那些不足以增加格斗的刺激，或者无助于其成败目标的事件，就被扔掉。各种事件会得到重新的安排，以便具有故事性的品质。故而，当早期的人类在独居的时候，在不为生存而斗争的时候，他们就是生活在一个充满了各种记忆的世界里。这个世界充满了各种联想。联想与回忆不同，因为不必费劲检验它的正确性，对于联想来说，正确与否是一件相对无关紧要的事情。天上的云彩有时让人想起一匹骆驼，或者一个人的面孔，然而，如果你没有见过实际的骆驼，没有见过那张真正的脸，那朵云就不可能让你联想起这些东西。不过，它们之间到底是否相像无关紧要；重要的是，这个追踪那骆驼或面孔的形迹于忽隐忽现之间的过程对人所激发出来的、情感上的兴趣。

研究人类原始历史的一些学者，谈到过许多动物故事、神话和崇拜所起的巨大作用。有的时候，一种神秘的东西就是从这种历史的事实中制造出来的，它似乎向我们表明，驱动着原始人行为的心理状态与驱动着现代人行为的心理状态是不同的。但是，我认为，这个解释过于简单。在农业和更高的工业技术（industrial arts）得到发展之前，用来获取食物和避免受到攻击所投入的时间一直就是比较短暂的，而空闲期却一直比较长。由于自己的一些习惯，我们倾向于认为，人们总是忙碌不停，即使没有事做，至少也在想着、计划着什么事情。然而，那时的人们只是在行猎、捕鱼或者进行远征探险的时候，才是忙碌的。人只要醒着，心中必定有所想、有所承载，它不会因为身体休闲就空虚着。不过，除了与野兽在一起的那些经验，除了在兴趣影响下使得典型的捕猎追逐之类的事情变成更加生动连贯的经验之外，还有什么思想会闯进人的内心呢？人在想象中戏剧性地再现其现实生活中有趣的那些部分，动物本身也就不可避免地被戏剧化了。

它们是剧中真正的主人公①，因此呈现出人的特征。它们也有欲求、希望和恐惧，也有友爱，也有好恶，也有胜败。尤为重要的是，由于它们对共同体的维系至关重要，在人们戏剧性再现过去的想象中，它们的活动与遭遇造就了它们，使它们成为共同体生活的真正共享者。虽然它们被人所捕猎，但它们是自己允许自己被捕获的，因此是（人类的）朋友和同盟者。它们将自己奉献于它们所属的共同体组织的维系和福祉。于是，后来不仅产生了许多有关动物活动和特性的故事传说，而且产生了许多以动物为祖先、英雄、部落的旗帜和神灵的仪式与崇拜。

我希望，对于你们②来说，我所讲的与我的主题——哲学的起源问题——不会离得太远。因为在我看来，除非像我们这样更深远、更详尽地进行如此的思考，否则就不能理解诸哲学的历史之源。我们需要认识到，一般人在独居时的通常意识是欲望的产物，而不是理智的考察、研究或沉思的结果。

---

① 英文原书中用斜体表示强调，本书中处理为楷体。——译者
② 杜威作此演讲所面对的听众。——译者

只有当人受制于一种背离人性的训练,也即从自然人的立场来看这种训练是人为的时候,人才基本上不再受到希望、恐惧和爱憎的驱动。我们的书籍,我们科学的和哲学的书籍,自然是由在知识学科和文化上属于较高层次的人士所著。他们的思想已经习惯于理性的推断,他们已学会用事实来检验其想象,学会逻辑地而不是情绪地、戏剧地组织其观念。当他们沉溺于幻想和白日梦时——这样的时候可能比人们通常知道的还要多——他们当然知道自己在做什么。他们将这些思想的游离贴上标签,从而不至于混淆其结果和客观的经验。我们倾向于以己度人,而且因为科学的和哲学的书籍是由这样的一些人所著述——在他们身上已经有了合理的、逻辑的和客观的习惯,便以为他们把这同一理性也赋予了一般的普通人,从而忽视了理性和非理性在未经训练的人性里就像故事插曲那样毫不相干;忽视了人受制于记忆而不是思想,而这个记忆并不是对客观事实的记忆,而是联想、暗示和戏剧性的想象。用于测量发自内心的暗示的价值标准与事实不一致,但与情感相辅相成。它们是否会刺激并增强情绪感,从而适合戏剧化的故事呢?它们是否与人们流行的心情状况相一致,并能表达共同体传统的希望和忧患呢?如果我们愿意更宽松、更自由地使用"梦想"这个词,那么简直就可以说,除了偶尔从事实际的劳动和奋斗之外,人就是生活在一个由梦幻构成的世界里,而不是由事实构成的世界里。这个梦幻的世界是以各种欲求所构成的,追求这些欲望的成功与失败便构成了这个世界的材料。

如果把人类的早期信仰和传统看作是科学地解释世界的努力,或者看作只是错误和荒谬的尝试,那就大错特错了。哲学最终从其中产生出来的那种材料与科学和解释是没有关系的。它是比喻的,是由各种想象和暗示组成,象征恐惧与希望的符号,并不表达理智所面临的一个由客观事实构成的世界的意义。它属于诗歌与戏剧,而非科学;它远离科学的真理与谬误、事实的合理性或荒谬,就像诗独立于这些东西一样。

然而,这个最初的素材至少要经过两个阶段才能变成严格的哲学材料。其一是故事、传说和伴随它们的戏剧化得以确认巩固的阶段。首先,对各种经验的情绪化记录大多是随意的、暂时性的。人们抓住激起他们情绪的各种事件,编成故事或者舞剧(pantomime)。但是,有些经验是如此频繁而重复地发生,以致它们作为一个整体与人群集体相关,并在这个人群社会中普及开来。单个人的零星冒险得到仿效推广,从而成为部族情绪生活的一种代表和典范。某些事件还会影响到整个集体的悲欢忧乐,于是便获得一种特别的重视和提升,于是某种传统的结构便建立起来:故事成为一种社会的遗产和财富;舞剧也发展成为固定的仪式。这样形成的传统就演变成为一种个人的想象和暗示所要遵循的规范,从而一个持久的想象结构便建构起来了,一种构想生活的共同方式便生成了。它通过教育,引导着共同体内的每一个人。个人的记忆不知不觉地,或者由确定的社会要求而同化于集体的记忆或传统之中,同时,个人的想象也融合于共同体所特有的信仰体系之中。诗歌也被固定下来而变得体系化了;故事成为一种社会规范;重演情感上的重要经验的原始戏剧被制度化而成为一种祭礼;从前那些自由的暗示也被固定下来,成为各种各样的学说。

这些学说的系统而强制性的本质,是通过军事上的征服和政治上的强化而得到巩固和确认的。随着管治区域的扩张,于是就产生了一种要系统化,要统一那些曾经是自由而漂浮的各种信仰的明确的动机。除了因为与他种民族接触而发生的自然调节和同化以外,因为政治上的需要,统治者为增加威望、保持势力起见,不能不把各民族的传统和信仰都集中统一起来。朱迪亚①、希腊、罗马,我认为其他所有历史悠久的国家,都给我们展现出这样的记录:为了维持一个更宽广的社会统一和更广泛的政治权力,对于以前各种地方仪式和教义进行了持续的改造。我要请求诸位和我一起设想,人类更博大的创世论和宇宙论以及更宏大的伦理传统就

---

① 朱迪亚(Judea):古代罗马所统治的巴勒斯坦南部地区,包括今以色列南部及约旦西南部。——译者

是这样兴起的。实际是否如此，不必查究，更不要说论证了。在社会影响下发生了教义和祭仪的组织化、固定化，它们赋予想象以一般特征，赋予行为以一般规则；而且，这样的一个固定化过程是任何哲学形成所必需的先决条件。认识到这些，对于我们的目的来说就足够了。

　　这种对信仰的诸观念与原则的组织化和一般化，虽然是哲学的一个必要前提，但不是哲学产生的唯一的和充分的条件。这里还欠缺一个追寻逻辑体系和理性证明的动机。对于这个动机，我们可以假设，它是由传统法典中体现出来的道德规则和理想对逐渐增多的事实、实证知识的调和所要求的。由于人绝不能完全成为一种暗示和想象的动物，继续生存的需要使他必须对现实世界的实际事实给予关注。虽然环境对于观念的形成实际上所施加的控制出奇地小——因为无论怎样荒谬的思想都有人接受——然而，环境在对人类毁灭性惩罚的威胁之下，要求观念具有一种最低限度的正确性。有些东西可以吃，有些东西产于某些地方，水能淹人，火能燃烧，锐利的尖物会刺人，重物若没受到支撑就会坠落，昼夜交替，寒暑往来，干湿转换等等，都有一定的规律性，像这样一些平凡的事实在远古时代就已经备受关注了。其中有一些是如此明显而且重要，不需要我们运用想象和思考就显而易见了。奥古斯特·孔德（Auguste Comte）说，他从未看到过有一个野蛮民族奉重量为神，尽管其他一切自然的性质和力量都可被神化。保存和传递一个种族关于所观察到的自然的事实及其系列的智慧的一个常识概括体系逐渐生成了。这种知识与各种工业、技术（arts）①和工艺（crafts）尤为相关，在此，对材料和过程的观察是成功的行动所必需的，而且行动是连续的、有规则的，只靠变化无常的魔力来解释已经不够了。夸张想象的观念在和实际发生的事情并置对比时，就会被消除掉。

  水手比纺织工更容易陷入我们现在所称的迷信之中，因为他的活动多为突然的变化和不可预料的突发事件所支配。即使是对于水手，尽管他可能认为风是一个伟大的神灵，反复无常，不可控制，但他还是要掌握和熟悉若干随着风向来调整船、帆、橹等等纯粹机械的原理。火可以被想象成超自然的龙（dragon），因为迅疾、明亮而吞没万物的火焰让人不时联想到运动快捷而且危险的大毒蛇。然而，家庭主妇在照看烹制食物的火与锅时，还是要观察通风、拨火和木材燃烧成灰的过程等等这些机械的事实。金属业工人关于热加工的条件和后果所积累起来的可证细节知识就更多了。在举行特别仪式的场合，他会保留传统的信念；而更多的时候，则会摒弃这些观念：当火焰对于他来说，只是一贯不变的、平淡

---

① 对于技术或者技艺，杜威用 arts 而不用 technologies，因为他认为科学技术就是一种艺术。——译者

无味的一种现象时,它就变成是由实践中的因果关系所控制的了。随着技术和工艺的发展和日益精细,实证的和检验过的知识体扩大了,所观察的事件序列也变得更加复杂,范围也更为广阔。这一种类的技术产生了关于自然的常识,科学就起源于其中。它们不仅提供了一堆实证的事实,而且产生了人们运用各种材料和工具的技巧。此外,只要技艺不拘泥于浅陋习俗,它就能促进我们心智中实验习性的发展。

与一个共同体内的道德习惯、感情嗜好和精神慰藉紧密相关的想象信念体,在很长一段时间内,与日益增长的事实知识体相伴共存。一有可能,它们就相互交织在一起;而在其他场合,它们却又互不相容,相互抵触,分离如在异处。由于它们两者之间只是彼此重叠,人们感觉不到它们之间的不一致性,也就没有调和的必要了。但在大多数情况下,这两种精神产物是截然分离的,因为它们变成了社会不同阶级的所有物。上层阶级手中拥有宗教的、富于诗意的信念,它们具有一定的社会的、政治的价值和功能,并与社会中的统治要素直接结合。而拥有平凡的实际知识的工人和工匠,很可能只占据着一种较低的社会地位,他们的这种知识又受到社会上对手工工人持轻视态度的影响,但是,这些工人却从事着有益于社会的体力劳动。毫无疑问,在古希腊,就是这种事实情况推迟了实验方法一般的与系统的运用,尽管雅典人拥有敏锐的观察力、超凡的逻辑推理能力和思想的极大自由。由于工匠在社会等级上仅仅高于奴隶,他们的这种知识及其所依赖的方法当然也就缺乏声望和权威了。

然而,事实性知识(matter-of-fact)最后还是增长到如此丰富而宽广的程度,以致它与各种传统的、想象的信念不但在细节上而且在精神和气质上都发生了冲突。关于如何以及为什么有这些令人烦恼的问题,我们不必深究;但毫无疑问,这就是我们称之为古希腊诡辩运动中所发生的事情,从中产生出在西方世界被认为真正的哲学的那种学问。诡辩论者从柏拉图和亚里士多德那里得到了一个他们从未能摆脱的恶名,这个事实证明,这两种信仰之间的争论对于诡辩论者来说,的确是一件重要的事情;而这个冲突,对于宗教信仰的传统体系以及与之紧密相关的行为道德准则,却起到了一种不和谐的作用。虽然苏格拉底无疑是真心诚意地谋求双方的和解,但他是以实际的方法来处理这个问题,给予其法则和标准以优先地位,这足以让他被指控为一个侮辱诸神并毒害青年的人而被判处死刑。

苏格拉底的命运和诡辩派的恶名可以用来暗示传统的、情绪化了的信仰,与平常的事实性知识之间形成鲜明的对比——这种对比的目的在于指明,我们称之为科学的那个东西的所有优势都在后者一边;而社会尊崇和权威的优势,以及它与那赋予生活以深层价值的东西密切关联本身所具有的优势,则在传统信仰这一边。显而易见,环境中被证实的专门知识,只限于一个有限的、技术的范围。它与技艺有关,而工匠的目的和好处终究不能推广开来。他们是次要的,甚至是卑微的。谁会把鞋匠的技艺和治理国家的艺术放在同一个层面上呢?谁会把医生医治身体的更高技艺放在与牧师医治灵魂的技艺相同的层次上呢?柏拉图就在他的诸对话录里常常提到这个对比。鞋匠是鞋子好坏的鉴定人,但对于是否要穿鞋,以及什么时候该穿鞋这类更重要的问题,他就无从说起了;医生是身体健康与否的判断者,但是,到底是活着好还是死了更好,他却不知道。工匠对于提出的纯粹有限的技术问题来说,是内行专家;但对于真正最重要的问题,即关于各种价值的道德问题,他却无能为力。其结果,工匠的知识类型就被认为是天生低下的,故而要受到一种启示人生终极目的的较高等知识的调节,只有这样,技术的和机械的知识才能被放置在恰当的地方。在柏拉图的文章里,我们还可以看到,他用富含戏剧的笔触,对当时一些人在那传统的信仰和纯粹知识的新要求的冲突之下所受冲击的生动描绘。保守者对用抽象的法则教授军事技艺无比震惊,因为军事不仅是打仗,更重要的是为他的国家而打仗。抽象的科学不能传播爱与忠诚,即使从更加技术的方面来说,它也不能代替那种体现在传统中的爱国精神的各种战术。

学习战术的方法,就是跟着那些曾为国家打仗的人,充分信仰本国的理想和习惯,即变成希腊武术遗风的信徒。试图通过比较本国与敌人的战术从而推出抽象的法则,这岂不是归顺了敌人的传统和宗教了吗？岂不是开始不忠于自己的国家了吗？

这样一个可以清楚认识到的观点使我们领悟到，实证的观点与传统观点接触时将会引起怎样的对抗，传统观念深深地植根于社会的习惯和忠诚之中，它包含着人们生活所追求的各种道德目标，还有生活所遵循的各种道德法则。因此，它和生活本身一样，是基本而全面的，伴随共同体生活中的温暖又灿烂的色彩而悸动，人们实现着自我的存在价值。与此不同，实证的知识只是关于物质性的效用，而缺乏对于由祖先的牺牲和同代人崇拜而神圣化的信念的激情联想。由于性质有限而具体，这种实证的知识枯燥乏味。

但是，只有像柏拉图那样具有敏锐而活跃的才智者，才不会像当时那些保守的市民那样，满足于旧的方式和因袭旧的信念。实证知识和批判的探究精神日益增长，传统的信念日渐崩坏。新知识拥有确定性、精细性和可证实性几方面的优势。而传统虽然在目的和范围方面还是高尚的，但是其基础却不牢靠。苏格拉底曾经说过，未经质疑（unquestioned）的生活是不值得人过的，人是一个要质疑的存在者（being），因为他是一个理性的存在者。因此，他必定要寻找事物的原因，不会因为习惯和政治权威而接受它。我们应该怎么办呢？开发一种理性研究和证明的方法，将传统信念的本质要素放在一个不可动摇的基础之上；开发一种思考和知识的方法，既净化传统又保护其道德的和社会的价值安然无损,并通过净化它们而增强其势力和权威。一句话,维系在习俗之上的东西应当恢复,不再依靠过去的习俗,而是基于存在(being)和宇宙的形而上学。形而上学是作为具有更高尚道德的社会价值的源泉和保证而成为习俗的替代者——这就是柏拉图和亚里士多德所发展出来的欧洲古典哲学的主导论题——它是一种让我们反复回想起的哲学,它被中世纪欧洲的基督教哲学更新和重新论述。

如果我没有弄错的话,关于哲学的功能和任务的整个传统就是在这种情境中产生出来的,这种传统直至最近仍然支配着西方世界体系性和建设性的哲学。如果我所说的哲学的起源在于试图调和两种不同的精神产物这一主要论点是正确的,那么,只要后来哲学不是消极的、异端的,其主要特征的关键就掌握在我们手里。第一,哲学不是从一个开放的、无偏见的源头里公正不倚地发展起来的。它一开始就设定了自己的任务。它有一个使命要完成,并且事前已对这个使命发过誓。它必定要从受到威胁的过去的传统信念中提取基本的道德核心。到现在为止,一直都还不错;这种功夫是批判性的,并且是为了唯一真正的保守主义的利益——即保存人类所提炼出来的价值,而不是使之变得荒芜。但是,它还要事先承诺以合乎过去信念的精神来提取这一道德本质。它与想象、与社会的权威之间的结合非常密切,以至于根本无法动摇;所以,以任何截然不同于过去的形式来设想社会制度的内容都是不可能的。故而,在合理的基础上，为已被接受的信念和传统习俗的精神——而不是形式——进行辩护，就变成为哲学的工作。

这样产生的哲学，由于形式和方法的不同，在一般雅典人看来似乎过激甚至有些危险。在剪除累赘、摒弃被一般市民视为与根本信念同为一物的诸要素这种意义上，它的确是激进的。但从历史的视角来看，并与后来在不同的社会环境里发展出来的各种不同的思想形态对比来看，我们现在可以容易地看到，柏拉图和亚里士多德对于古希腊的传统和习惯的意义进行过多么深刻的反思，因而，他们的著作能和那些伟大的剧作家的著作一样，对于一个研究与众不同的古希腊人生活最深处的理想和抱负的学者来说，至今仍然是最好的入门书籍。没有古希腊的宗教、古希腊的技艺和古希腊的市民生活，就不可能有他们的哲学；而哲学家最引以为豪的那种科学的影响，其实一直是很肤浅的、无足轻重的。哲学的这种辩护精神一次明显的表现是：12世纪前后，中世纪基督教想谋求一个系统的、合理的自我表现而利用古典哲学，特别是亚里士多德哲学，想以理性来为自己辩护。到19世纪初期，德国的主要哲学体系，在黑格尔以理性观念论的名义来辩护那些受到科学和大众政治的新精神威胁的一些学说和制度时，亦是如此。其结果就是，那些伟大的体系也不能摆脱代表先入之见的信念的党派精神。由于它们同时声称拥有完全理智的独立性和合理性，其结果就往往是给哲学掺入一种不诚实的因素；对于那些哲学支持者来说，由于完全没有意识到这一点，其潜伏的祸害就尤为深重了。

这把我们带到哲学从其源头萌生出的第二个特征上。既然它的目的在于为以前因情趣相投和社会威望而被接受的事物进行理性的辩护，那么，它就不得不重视推理和证明的办法。由于在它所处理的材料本来就缺乏内在的合理性，它便走向另一个极端，竭力依靠逻辑形式之类的东西来炫耀了。其实，在处理事实问题的时候，可以运用更简单、更粗略的论证方法；可以说，提出被讨论的事实并指向它就足够了——这是所有论证的基本形式。但是，对于不能再靠习俗和社会权威的主张而使人信服接受的学说，以及不能依靠经验证明的学说，要想令人相信它们的真理性，除了扩大严密思索和严格证明的姿态以外，别无他法。于是，便出现了抽象的定义和过度科学的（ultra-scientific）论述，它使许多人背弃哲学；但对于其信奉者来说，却一直是一种主要的吸引力。

在最坏的情况下，它使哲学降低成为一种炫耀精致术语的表演、琐碎的逻辑，以及对广博周详论证的外在形式的虚假追求。即使在最好的情况下，它也是倾向于产生为体系而体系的一种对体系的过度依恋，以及对于确定性的一种过度自负的主张。巴特勒（Butler）大主教曾宣称，可能性是生活的指南；但是，哲学家很少有足够的勇气承认，哲学能够满足于任何仅仅是可能的东西。由传统和欲望所规定的习俗曾经声称有终极性和不变性，它们也曾经声称要给出一些对行为进行规定的确定不移的法则。在其早期历史上，哲学也曾号称能有类似的最终确定性，但从那时迄今，属于这类气质的东西一直依附在一些传统的哲学里。它们坚称自己比一切科学都更加科学——的确，哲学是必要的，因为毕竟任何专门科学都不能达到终极的、完备的真理。也曾有一些反对者敢于宣称——如威廉·詹姆斯所作的那样——"哲学是一种洞察"（philosophy is vision），其主要功能是将人的精神从偏执和成见中解放出来，并扩大他们对周围世界的感知。然而，大体上来说，哲学怀有更大的野心。坦率地说，除了假设之外，哲学什么也不能提供；而且，这些假说的价值只在于使人对于他的生活更加敏感，这好像是对哲学本身的否定。

第三，为欲望和想象所决定，并在公共权威影响下发展成权威的、传统的各种信仰体系是普遍而综合的。它在集体生活的方方面面可谓无所不在，其压力是不间断的，其影响是普遍的。所以，不可避免地，与它敌对的原理和反思思维也要求类似的普遍性和综合性。它在形而上学意义上自许为普遍而久远，正如传统在社会上自许的那样。现在只有一种方法能够使这种抱负得以实现，那就是与一个圆满的逻辑体系和确定性的诉求相结合。

所有古典类型的哲学在两个存在领域之间作出了一种确定而根本的区别。其中一个对应于流行的传统中宗教的、超自然的世界，在其形而上学的描绘中，它变成最高的和终极的实在世界。既然人们发现,共同体生活中有关行为的一切重要真理和准则的最后根源与认可都存在于超越的和毋庸置疑的宗教信念之中,那么,哲学的绝对的、至高无上的实在性对经验事实的真理性也就提供了唯一肯定的保障,并对相应的社会制度和个人行为给予了唯一理性的指导。与这个只有通过哲学的系统训练才能领会的、绝对的本体的实在相对立的,是日常经验的、相对真实的现象世界。人们的实际事务和功用,正是与这个世界相关联的;事实与实证的科学所涉及的,也正是这个不完善、并处于泯灭中的世界。

以我的意见,这就是最深刻地影响了关于哲学本质的经典概念的一个特征。哲学妄自以为自己的任务就在于论证一个超越的、绝对的,或者更深奥的、实在的存在,在于向人们揭示这个终极至上的、更高实在的本质和特征。它因此宣称,它拥有一种比实证科学和日常实践经验所用更高的知识官能,这种官能以高级尊严和重要性为标志。如果哲学真要引导人们去寻找那个直觉日常生活和特殊科学的实在以外的实在(Reality),那么,这就是一个不可否认的僭越。

当然,这个主张不时地遭到不同的哲学家的否认,但这些否定说法大多是属于不可知论和怀疑论的。他们满足于断言绝对和终极的实在是超越人类视野之外的这一点,而不敢否认,此实在只要在人类智力范围以内就是哲学知识运用的适当范围。关于哲学的适当责任的另一种观念,是最近才出现的。

本系列演讲就是要把关于哲学的这个不同观念，和本演讲所称谓的古典观念之间的主要差别展示出来。在此，它只能以预料的方式被粗略地谈到。它包含在有关哲学的起源是出自一个权威的传统背景这样一个解释之中；而这个传统原来受制于人在爱与憎的影响下，在追求情绪性的兴奋与满足下工作时的想象作用。老实说，关于以系统的方法去处理绝对实在（Being）的哲学起源的这个解释，带有明显的恶意。在我看来，这个发生学方法①对于推翻这类哲学理论活动，比其他任何逻辑的驳斥都更加有效。

如果这个演讲能够成功地将哲学不是起源于理智的材料而是起源于社会的和情感的材料这个观念，作为一个合理的假说留在诸位心里，也就算成功了，成功地改变了大家对于传统哲学的态度。大家就会从一个新的角度、用新的眼光来看待这些传统哲学了。人们会产生关于它们的新问题，也会提出评判它们的新标准。

一个人，只要在思想上毫无保留地着手研究哲学史，把它当作文明和文化发展的一个章节去研究，而不是把它当作一件

---

① "genetic method of approach"，学界通常译为"发生学方法"，但也可译作"起源追溯方法"，即对事情的起因进行追根溯源的方法。因为杜威受到达尔文进化论的深刻影响，此方法对于杜威来说，意指一种追溯式的考察，而不是从某个源头开始的顺序式过程。而且，并非所有被追溯起源的事物都有发生的源头，如存在、连续性、情境，即使有，也难以确定源头。另外，"发生"与黑格尔的"大全"、绝对精神、原始起点有相似之处，而这是杜威所反对或避免的。——译者

孤立的事情；只要能够将哲学的故事和对人类学、原始生活、宗教史、文学以及社会制度的研究关联起来，那就可以肯定地说，他对于今天讲话的价值必定能够有一个他自己独立的判断。以这种方式来考虑，哲学史就会呈现出一种全新的意义。从自命为科学的立场中失去的，可以从人文立场中重新得到。我们可以看到人类关于社会目的与渴望的种种冲突，而不是彼此之间关于实在本质的争论。我们拥有人类明确表述与其最深切地、充满激情地相关联经验事物的努力的重要记录，而不是不可实现的、超越经验的企图。我们看到一幅有关一批有思想的人选择他们的生活理想以及为人们塑造其理智活动的目标的生动画面，而不是作为一个远离的旁观者，以非个人的纯粹苦思冥想的努力，去沉思那些绝对的物自体（things-in-themselves）的本质。

你们当中如果有谁对于过去的哲学存有这种见解，那么，他对于将来从事哲学的范围和目的也必然会有一个相当明确的观念。他将不可避免地认同这样一种见解：哲学研究一直处在不知不觉、无意识甚至可以说是隐蔽之中，它今后必须公开和深思熟虑地进行。如果人们承认在研究终极实在的伪装之下，哲学一直被社会的传统中所包含的宝贵价值所占据，它源于各种社会目的的冲突，出于世袭制度与不可并存的当代趋向之间的冲突，那么，他们就会看到，未来哲学的任务将在于澄清人们关于自己时代里社会和道德上的各种纷争，其目的是成为尽人力所能及地处理这些冲突的一个工具。那些用形而上学特性来表述时可能是虚假的、非实在的东西,一旦与社会信仰和理想的斗争联系起来,就变得非常重要了。哲学如果放弃对终极的和绝对的实在研究的无聊垄断,它将在启发推动人类的道德力量上,在致力于人类获得更有序的和明智的幸福所抱热望的帮助中找到补偿。

第二章 哲学改造中的几个历史因素

SOME HISTORICAL FACTORS IN PHILOSOPHICAL RECONSTRUCTION

伊丽莎白时代的弗朗西斯·培根（Francis Bacon）是现代生活精神上的伟大先驱。虽然成就不大，但作为新潮流的倡导者，他却是全世界理智生活领域中的一位杰出的人物。与其他许多预言家一样，他也有新旧思想混杂的烦恼。他最重大的成就，由于后来事件的发展已多少让人知晓。虽然他自认为已经摆脱了属于过去的事物的影响，但是他的著作却依然一页一页地充满了过时的思想。正是由于这两种容易让人轻视的原因，培根几乎得不到他本应得到的，作为现代思想真正奠基者的盛名，反而因为那几乎不属于他的功劳而受到赞誉，譬如他被认为是科学所追求的各种具体归纳法的创造者。使培根不朽的是，从新世界吹来的和风扬起了他的船帆，激励他冒险前往新的海洋。他本人却始终没有发现他所期望的福地，但他向人们宣布了这个新目标，并依据信念从远处描绘了它的特征。

他思想上的主要特点，是向我们展示了当时引起理智改造的一种新精神的重要特征。这些特征可能暗示，这个新精神由以产生的社会的和历史的力量。培根最著名的格言是："知识就是力量。"(Knowledge is Power)按照这个实用的标准来判断，他谴责了当时的学问主要是非知识（not-knowledge）、自命不凡的虚假的知识（pseudo-and pretentious-knowledge）。因为它们并不提供力量，它们是无用的、无效验的。在他最广博的讨论中，他将他那个时代的学问分成三类：精致的、空想的和论辩的。他所谓精致的学问中，包括了文学（literary learning);这种文学经过古代语言与文学的复兴,在文艺复兴的理智生活中拥有非常重要的地位。培根的评判在当时很有影响力,因为他自己就是这个知识研究所要表达的所有雅丽精巧和古典学方面的一位大师。实际上,他已经预料到,他之后教育改革者对于片面的文学修养(literary culture)所发起的攻击。这种文化不产生力量,而只是一些卖弄与奢华的浮文虚饰。关于空想的学问,对于他来说,就是意指16世纪盛行于欧洲的半巫术科学——例如,疯狂发展着的炼金术、占星术等等。对此,他攻击得最厉害,因为对他来说,好东西的腐败堕落是最坏的邪恶。因为精致的学问是无用的、空虚的,而空想的学问假冒了真理的形式;它掌握了知识的真正原理和目的——即对自然力量的控制;但它忽视了获得这种知识所必需的条件和方法,从而引人误入歧途。

然而,对于我们的目的来说,最为重要的是他就论辩的学问所说的话。因为,对于这门学问,他指的是从古代经过经院哲学以欠缺和曲解的方式流传下来的传统科学。这种学问被认为具有论辩性,既是因为它所采用的逻辑方法,也是因为它所设定的目的。在某种意义上说,它旨在获得权力;不过,这种权力是为了某个阶级、某个宗派或某个个人的利益而支配其他人的权力,而不是为全体人民的共同利益而支配自然的力量。培根相信,从古代传下来的学问具有好辩和自我炫耀的特点,这当然不是出自古希腊科学本身的缘故,而是源自14世纪经院学派那种退化的传统,因为那时哲学已经落到好辩的神学家们的手里,而他们为了赢得对他人的胜利,满腹都是吹毛求疵的争论和遁辞诡辩。

然而,培根也攻击了亚里士多德的方法。亚里士多德采用严格的形式,其目的在于论证;而有时采用温和的形式,其目的在于说服。但是,论证和说服两者的目的却都在于征服人心而非自然。此外,两者都假定有人已经得到一种真理或信念,而其唯一的问题则在于说服或教育他人。与此相反,培根的新方法极不看重现存知识的分量,但对那尚待获取的真理的范围和重要性却有强烈的兴趣。它是一种发现的逻辑,而不是一种辩论、证明和劝导的逻辑。对于培根来说,旧逻辑最多不过是传授已知事物的逻辑,而传授就意味着灌输和训练。亚里士多德有一个公理,意思是说,能够学习的只能是已知的东西,知识的增长仅仅在于把理性的普遍真理与曾经被人们认为是相互分离的感性的特殊真理结合起来而已。但在任何情况下,学习就是知识的增长,而增长则属于变成和变化的领域;因而,在对已知事物的三段论法的自我循环的运用(即论证)上,知识的增长不如对知识的占有。

与这个观点恰恰相反,培根雄辩地宣称,发现新的事实与真理要比论证旧东西更具有优越性。走向发现之路现在只有一条,那就是深入探究自然的各种秘密。科学的原理和规律并不显露于自然的表面,它们隐藏起来了,必须凭借一种能动而精细的探究技术，才能从自然中费力地获得。无论是逻辑推理还是古人叫做经验的许多观察的被动累积，都不足以掌握它们。能动的实验必然对自然的种种表面事实强加上一些与它们平常所表现出来的不同的形式，因而就使它们自我暴露出真相来，就像拷打可以迫使一个见证人不情愿地吐露出他所隐瞒的事情一样。纯粹的推理作为一种达到真理的方法，就像蜘蛛从自己身上抽丝织网一样。这张网虽然精致而整洁，却是一个陷阱。对各种经验的被动积累——传统的经验方法——就像蚂蚁整天东奔西走、忙于贮存和搜集原料一样。而培根这里所介绍的真正方法，可以比之如蜜蜂的工作，它像蚂蚁一样从外面的世界搜集材料；但与勤劳的蚂蚁不同的是，它处理和改变所得材料而摄取它隐藏的珍宝。

　　培根把征服自然与征服人心相类比，并把发现方法提升到证明方法之上。进步的意义对于培根来说，就是作为真正知识的目的和检验。按照他的说法，古典逻辑即使以亚里士多德的形式，也难免有利于毫无生气的保守主义。因为它使人心习惯于认为真理就是已知的，使人们习惯于退而依靠过去的知识成就，没有批判地审查就接受它们。不仅中世纪而且文艺复兴时期的精神，也倾向于将古代看作知识的黄金时代，前者依赖圣典，后者依赖世俗的文献。而且，这个态度即使不能完全归咎于古典逻辑，培根仍有根据地觉得，任何逻辑，只要把认知的技术看成是对心灵既得真理的论证，那么，它就是在挫伤研究精神,把心灵束缚于传统的学问圈子之内。

这样一种逻辑,由于其显著特点,不可避免地将对已知的(或者人们认为是已知的)东西下定义,并且按照公认的正统法则对它体系化。而另一方面,一种发现的逻辑却又面向未来。它把所接受的真理批判地看作是某种要用新的经验来检验的东西,而不是被教条般地传授和忠实地接受的某种东西。它对于即使经过最仔细的检验而获得的知识的主要兴趣,也是这种知识在更深入的探究和发现中的使用。旧真理的主要价值,在于帮助发现新的真理。培根自己对于归纳法本质的评价虽有相当的缺陷,但他敏锐地觉察到,科学即是对未知界的进军,而不是以逻辑形式对既知事物的反复叙述。正是这一点,使他成为归纳法之父。对于未知的事实和原理持续不断的发掘——这就是归纳法的真谛。知识中的持续进步,是保护既得知识不至堕落为依赖权威的独断教条,或者不知不觉地衰退成为迷信与老生常谈的唯一可靠途径。

对于培根来说,不断更新的进步既是对真正逻辑的检验,也是它的目的。培根常常追问:旧式逻辑的工作和成果在哪里?它对于改良人生弊病、补救缺陷、改善生活条件究竟做了些什么?证实其主张是掌握真理的那些发明在哪里?除了在法庭、外交和政治管理上人对人的胜利以外,什么也没有。人们必须从令人赞美的"科学"转向那些受到鄙视的技艺,去寻找通过超越自然力的力量来造福人类的事业、成果与有价值的结果。而技艺的进步，却是断断续续的、突发的和意外的。探究的真正逻辑或技巧，可以使在工艺、农业和医术上的进步变得持续不断、累积式地增长并深思熟虑地系统化。

如果我们考察学者苟且因循和鹦鹉学舌般背诵的那种现成知识的假设体系，我们会发现，它由两个部分组成。其中一部分是由我们的祖先流传下来的谬误所构成的，它散发着陈旧的霉味，而且是利用古典逻辑构成的伪科学。如此"真理"，实际上不过是我们祖先系统化了的错误与偏见。它们当中有许多是意外引起的，也有许多是基于阶级利益与偏见；正是因为这个原因，它们得到了当权者的长期保留——也正是这一考虑，后来引起洛克对天赋观念说的抨击。而接受的信念中，另一部分来自人心的本能倾向，这些倾向会给予人心一种危险的偏执，直到它们受到有意识的批判逻辑的抵制为止。

人的精神会自发地假定，现象之间具有比其实际存在更大的简单性、一致性和统一性。它遵循着表面的类推就直接达到结论；它忽视了细微的差别和种种例外情况的存在。于是，它编织一张纯粹内在生成之网，并将它施加于自然之上。过去所谓的科学，就是由这样人造的增加上去的网所构成的。人们望着自己的精神制造物，却自以为是在观看自然中的各种实在。他们实际上是在科学的名义下崇拜着自己制造的偶像。所谓科学和哲学，就是由这些对于自然的"预想"所组成的。要说传统逻辑最坏之处，就是它并不把人从这个自然的谬误之源中拯救出来，反而把统一性、简单性和普遍性等所谓虚假的合理性归之于自然，并认可这些错觉之源。而新逻辑的职责将是保护精神，使它不至于自相矛盾，即教它耐心持久地去学习事实中无限的差别性和特殊性，教它理智地顺从自然从而在实践中支配自然。这就是新逻辑的意义——做学问的新工具或推理法（organon），这名称显然是为了表达对亚里士多德推理法的反对而起的。

这个名称还包含其他一些重要的反对观点。亚里士多德认为，理性是可以独自与合理的真理进行交流的。他所说的"人是政治的动物"那句名言的反面就是：智力（Intelligence）、理性（Nous）既不是动物的、人类的，也不是政治的。它是神圣的、独一无二而又自我封闭的。在培根看来，谬误是由于社会的影响才发生且存续下来的，而真理则必定是由以发现真理为目的而组织起来的社会力量去探寻的。个人所能做的事情很少，甚至什么也做不了；他很容易陷于自己所编织的误解之网。进行合作研究的组织是非常必要的，人们以此合力动手探究自然，对自然的探究工作可以一代一代地持续进行下去。培根甚至有一个相当荒谬的念头，他渴望发明一种完美的方法，使所有人对于新事实和新真理的产生都处在同一层面上，而不管人的自然能力的差别。然而，这个幻想不过是他从反面表达了——他对于联合协作的科学研究的一个伟大而积极的预言，而这种协作是我们这个时代所特有的。我们只要看看他在《新大西岛》(*New Atlantis of a State*)里所描写的那个为集体探究而组织的情形,就可以原谅他的夸张了。

支配自然的力量在于集体,而不在个人;按照他所说,人支配自然的帝国将代替人支配人的帝国。这里,让我们引用培根含有独特隐喻的辞句:

> 人们进入对学问和知识的渴望之中……很少是真心地为了对他们的理性禀赋给出真正的解释,也很少是真心地为了人类的福利和效用。他们好像是在知识里面寻找一张睡椅,让四处探寻而徘徊不定的精神得到休息;或者是在寻找一个露台,以便让他们浮动而易变的心灵可以走上走下,观望美景;或者寻找一座塔,以便让骄傲的心灵攀登于上;或是到一个要塞或城堡去战斗去争夺;或是在一家商店以资销售营利。总之,不是为了造物主的荣光以及人类的福利而去寻找一个丰富的库藏。

当威廉·詹姆斯称实用主义是一种旧思想方法的新名称[①]的时候,我不知道他是不是明确地想到了弗朗西斯·培根,但就追求知识的精神和氛围来看,培根可算是从实用的观念看待知

---

① 詹姆斯原书名为《实用主义——一些旧思想方法的新名称》(*Pragmatism A New Name for Some Old Ways of Thinking*)——译者

识的一个预言家。如果我们细心地看他对社会因素在知识的追求和目的中的强调,那么,对这一精神的许多误解是可以避免的。

以上对培根的观点的摘要过长,这并不是想作一个历史性的回顾,而是要把新哲学的一个可靠文献摆在我们面前,让我们明了导致理智革命的社会原因。这里只能试作一个概括性的描述,但它可以帮助大家回想起欧洲正在进入的工业、政治和宗教上的变化的方向。

在工业方面,我认为,对于旅行、探险和新商业的影响,无论如何言说都是不为过的。它们养成了对于新奇事物一种冒险的浪漫感情,松缓了传统信念的控制,为要被研究和征服的新世界创造了生动的意义,为制造业、商业、银行和财政提出了新的方法,而且到处发生作用,刺激发明,向科学引进积极的观察和主动的实验。十字军,对具有亵渎神灵特点的古代学术的复兴,尤其是可能与伊斯兰教先进学术发生的接触,与亚洲、非洲之间的商贸增长,透镜、罗盘和火药的引进,发现和开发具有重大意义的、被称为新世界的南北美洲,这些都是明显的客观事实。我认为,在心理上的变化与工业上的变化同时发生并相互助长时,以前被孤立的人民和种族之间的互相对照,总是最有效的,而且是最会引起变化的。有时候,人民由互相交往而引起情绪的变化,几乎可以说是一个形而上的变化(metaphysical change)。人的心灵内部,特别在宗教方面发生了变动。有时候,人民频繁地交易货物,采用外来的工具和设备,模仿异族的服饰习惯、居住和制造货品的方式,等等。可以说,在这些变化中,前者是过于内在的,而后者是过于外在的,从而两者都不能引起根本的智力发展。但是,当一种新精神态度的创造与普遍的物质及经济的变化结合起来时,某种重大的事件就会发生。

我认为,这两种变化同时发生就是16世纪和17世纪接触到的新特征。习俗和传统信念的冲突,扫除了精神上的怠慢惯性和呆滞懒散,激起了对种种不同新观念的好奇心。旅行和探险的实际冒险行为,消除了精神上对奇异的和未知事物的恐惧;随着地理以及商业上的新领域的开发,思想也得到开放。新的交往促进了进一步交往的欲望,新奇和发现越多,对于新奇和发现的欲望也就越多。随着对新地方的每一次新航行,以及对异国他乡生活方式的每一次新的报告,对旧信念和旧方法的保守固执就逐渐消解。人心习惯于探险和发现,它在揭示新奇的以及不寻常的事物的过程中获得了欢乐,找到了乐趣,而在旧有的和习以为常的事物里面已无乐趣可寻。此外,探险、远征和规划远途冒险的行动本身也已经使人们产生一种特别的快乐和激动。

这种心理的变化,对于科学和哲学中新观点的产生是必需的。然而,仅仅心理变化这一点,几乎不可能产生新的认知方法。只有生活习惯与生活目标中所发生的实质变化,才能使心理的变化得到客观形态的支持。这些实质的变化还决定新精神通过什么样的途径而起作用。新发现的财富、美洲的黄金和供消费享乐的各种新物品,趋于将人们从形而上学和神学的束缚中解脱出来,使具有刚唤起兴趣的心灵转到自然和现世的欢乐中去。美洲和印度的新物质资源与新市场打破了当地局部市场对家庭手工业产品的传统依赖,并且产生了为输向国外日益扩大的市场而进行的大规模生产。结果就是资本主义制度、便利的交通,以及为金钱利润而非为商品消费的生产随即产生了。

　　初略而简单地提及这些广泛而复杂的事件,可以显示出科学革命和工业革命之间相互依赖的关系。一方面,现代工业几乎就是应用科学了。赚钱或享用新产品的欲望再强烈,实践的精力和进取心再大,也不能影响过去少数几个世纪、在几代人之间发生的经济转型;而人类在数学、物理学、化学和生物学等科学上所取得的成就,才是其先决条件。商人不过是借助各类工程师的帮助,掌握了科学家在自然的潜力上获得的新见识并加以利用而已;这种对科学知识的运用,表现在现代的矿山、工厂、铁路、轮船、电报和一切生产运输的器械设备上。即使伴随经济活动的普通金钱关系发生了根本改变,这些运用也不会受到削弱。简言之,通过发明这样一个媒介,培根的"知识即力量"格言及其想用自然科学来不断支配自然力量的梦想得到了实现。蒸汽与电力引起的工业革命,就是对培根预言的有力回答①。

另一方面,同样真实的是,现代工业的需要对于科学研究来说,一直是个极大的刺激因素。对先进的生产和运输的需求,设定了要进行探究的新问题;工业中所使用的制造过程,暗示了科学中新的实验器具和操作,人们在一定程度上把商业积攒的财富分流出一些来补助研究。科学发现和工业应用不间断的、普遍性的相互作用,带来了科学和工业的累累硕果;而且还使当代人认识到,科学知识的主旨在于对自然力量的控制。自然科学、实验、控制与进步这四者一直是不可分离地结合在一起的。直到目前,新方法的运用及其结果对生活手段而非生活目的一直产生着影响;更恰当地说,至今,人类的目的是以偶然的而非理智指导的方式受到影响的。这表明,迄今为止的变化仍然只是技术的,而非人文的和道德的,它更是经济的而非充分社会化的。用培根的话说,这意味着,虽然我们在依靠科学来获得对自然的支配这方面相当成功,但我们的科学还未能使这个支配系统地、卓越地运用到对人类境况的改进之上。而且,虽然这样的运用在数量上很多,但都是偶然的、分散的和外在化的。这个局限性界定了当前哲学改造的特殊问题,因为它

---

① 蒸汽机是第一次工业革命的主要象征物。第一次工业革命以瓦特发明的蒸汽机作为动力机被广泛使用为标志;电力的使用,即电气化是19世纪后期开始发生的第二次工业革命的主要特征。——译者

主要强调更大的社会缺陷,而这要求理智的诊断,以及对目的与方法进行规划。

然而,几乎没有必要提醒你们,政治上的显著变化已经随着新科学及其在工业上的应用而产生了,而且在这个范围里,社会发展的某些方向至少已经显示出来了。新兴工业技术的发展,在每一个地方都引起了以农业和战争为社会模式的封建制度的瓦解。只要是现代意义上的商业所及之处,就已经出现这样的趋势:权力从土地转移到金融资本,从乡村转移到城市,从农场转移到工厂;社会名位也从基于私人效忠、侍奉和护卫的方式而得来,转向基于劳动支配和物资交换的方式。政治重心变迁导致的结果是:把个人从阶级和习惯的束缚中解放出来,使政治组织的产生更多地依靠自愿的选择,而非上级权威。换言之,现代国家已不再像过去那样被看作是神圣的,而更多地被看作是人类的作品;它不是某些至高无上、压倒一切的原理的必然表现,而更多的是男男女女实现他们自身欲求的设计发明。

关于国家起源的契约论是这样一种理论,虽然其错误在哲学和历史上容易证明,但它确实曾经流行甚广、影响极大。在形式上,它声称古代某个时期人们自愿地结合在一起,彼此相约遵守某些法律并服从某个权威,于是产生了国家以及统治者与臣民的关系。和哲学中的许多东西一样,这套理论作为事实的记录,虽然没有什么价值;但作为表征人类欲望方向的一个征兆,却具有极大的价值。它证实了一个正在成长的信念:国家之所以存在,是为了满足人类的各种需要;而且,它还会受到人类的意图和意志的塑造定型。亚里士多德所倡导的国家是自然存在的理论没能让17世纪的人心满意,因为该理论把国家当作是自然的产物,这似乎就把国家体制置于人类的选择之外了。同样重要的,还有契约论的假设:由自身的决定表达其自身的愿望的个人组成国家。这个学说当时迅速地风行西欧,可以看出传统的制度对人的约束已经放松到何种程度。它证明当时的人们从大的集体中解放出来了,进而认识到他们是对自己的利益有权提出主张的个体,而不仅仅是一个阶级、行会或社会阶层中的一员。

  与这种政治上的个人主义并行不悖的,还有宗教和道德上的个人主义。种族优于个体,永恒的普遍性优于变化的特殊性,这种形而上学的教条给予政治的和宗教教会的制度以哲学上的支持。普世性的教会在精神问题上是个人的信念和行为的基础、目的和界限,恰如封建等级组织在世俗事务上是其行为的根据、法则和固定的界限一样。北方蛮族从未完全归化于古典时代的观念和风俗习惯,但采纳了那些主要出自拉丁源头的生活所固有的东西,并或多或少地将它们从外面强加到日耳曼民族的欧洲。基督教的新教标志着与罗马观念的统治的正式决裂。它导致个人的良心和崇拜摆脱自命为永恒而普遍的组织制度的支配而获得解放。我们还不能当真地说,从一开始新教运动就会走得如此之远,从而促进了思想和批判的自由,或者否定绝对束缚个人智力的某种至上权威的观念;也不能说,它一开始就已经充分地想到要加强对道德及宗教信念差异的宽容和尊重。而实际上,它的确导致了既已建立起来的制度的瓦解。通过大量增加宗派和教堂的数量,它至少鼓励了人们对于个人自决根本问题的权利采取一种消极的宽容态度。随着时间的推移,逐渐发展出这样一种明确的信念,即认为个人良心是神圣的,而意见、信仰和崇拜是自由的权利。

无须指出,这种信念的传播是如何助长政治上的个人主义的,抑或是如何增强人们质疑已被接受的科学和哲学观念的愿望的——也即自己去思考、观察和实验的愿望。宗教上的个人主义,即使在宗教运动公然反对超出限度的思想自由时,对于各个方面思想的首创性与独立性也提供了一种非常必要的支持。然而,新教的最大影响却在于发展了每个人以自己作为目的的人格观念。当人类自认为可以直接与上帝发生关系,而不再需要像教堂那样的任何组织媒介的时候;当人们认为犯罪、免罪、救赎等"戏剧"是发生在个人的灵魂最深处的某种东西,而不在个人所属的种族上的时候,教导人格服从的一切学说就遭受到致命的打击——这个打击在促进民主方面产生了许多政治的反响。因为,当人们在宗教上主张每个灵魂具有他内在的价值时,就很难使这个观念不蔓延开来,比如蔓延到世俗的关系中去。

要在几个章节里概括和总结那些影响还远未消退而相关的论著却有千百卷的工业、政治和宗教上的运动，这显而易见是荒谬的。但是，我仍希望你们能够耐心地回想一下，我之所以提及这些东西，不过是为了给你们提示那标志新观点运行路径的几种力量。首先，人的兴趣从永恒而普遍的事物转向变化着的、具体而特殊的事物——这个运动在实际上表明，要将注意力和思想从来世转到现世，从中世纪的超自然力特性转到自然科学、自然活动和自然交流的快乐上来。其次，在固定制度的权威性上，在阶级差别及其关系上，有一种逐渐衰退的趋势，而在如下方面的信念却日益增强：相信个人精神的力量，在观察、实验和反思等方法的指导下，能够获得指导生活所需要的真理。自然探究的运作及其结果渐渐获得威信与力量，而高高在上的权威所规定的原则渐渐失势。

因此，对原则和所谓真理的判断，越来越多地以它们在经验中的起源及其在经验中的利害结果作为标准，而越来越少地以超越日常经验和独立于经验结果的所谓崇高的源泉作为标准。任何原则都不再靠年代久远而成为高尚、名贵、普遍和神圣化。它必须出示其诞生证书，必须表明它是在人类经验的什么条件下产生，并且必须以其现有的、潜在的作品来证明自己。这就是现代以经验为价值和效用（validity）的终极标准的内在涵义。第三，进步的观点受到极大的重视。支配想象的，是未来而不是过去；黄金时代在我们的前方，而不是身后。到处都有各种新的可能性在召唤我们,鼓舞我们的勇气,激发我们去努力。18世纪后期的法国大思想家借鉴了培根的这个观点,并把它发展成为人类世界无限完美的学说。一个人只要愿意付出必要的勇气、智慧和努力,就能够改变自己的命运。自然条件并没有设置不可超越的障碍。第四,耐心的、基于实验的自然研究是促成进步的方法,它在控制自然、征服自然力量为社会服务的发明上硕果累累。知识就是力量,而知识的获得是通过把心灵送到自然学校中去学习它变化的方法得以实现的。

与前面一讲一样,在此讲的结尾处,我认为,最好还是谈谈哲学所担负的新责任和对它开放的一些新机会。总体上说,到目前为止,这些变化的最大影响在于用基于认识论或知识论的观念论来代替基于古代形而上学的观念论。

早期近代哲学面临着这样一个问题(虽然对于它自己来说,是出于无意的),即把关于宇宙的合理的和理想的基础、材料和目的的传统理论,与个人精神上的新旨趣以及对于其能力的新信心调和起来。这让它陷入两难境地:一方面,它无意将自己陷入使人从属于物理的存在、使精神从属于物质的唯物论——尤其是当人和精神开始获得对自然的真正支配的时候;另一方面,由于这个世界的持久不变而把它看作是一个固定而综合的精神或理性的体现的观念,与那些主要关注世界的缺陷并志在予以补救的那些人意气不投合。从古典形而上学的唯心论发展而来的客观的神学的理想主义(the objective theological idealism），是要使精神成为柔顺而服从的，但新个人主义对最终决定自然和命运的普遍理性观念及其各种限制则失去了耐心。

因此，早期近代思想在脱离了古代和中世纪思想的约束之后，虽然延续了一个理性生成和构造世界的旧传统，但又把这个传统和通过个人或集体的精神而起作用的那个理性概念结合起来。这就是17世纪和18世纪所有哲学流派所表现出的唯心主义的共同注解，无论是属于洛克、贝克莱和休谟的英国学派，还是笛卡尔的大陆派。众所周知，在康德身上，这两种论调是结合在一起的；可知世界完全是由认知者起作用的思想形成的，这个主题变得清楚明白了。于是，观念论便不再是形而上学的和宇宙论的，而转变成为认识论的和个人的了。

显然，这个发展仅仅代表一个过渡阶段，毕竟它试图以旧瓶装新酒。它对于通过知识指导自然力的那种力量的意义，并没有提出一个自由而公正的表述——那就是为重新塑造信仰和制度的有目的的、实验性的活动。古代的传统还很强大，可以无意识地进入人的思维方式，阻碍并损害真正现代的力量与目标的表达。哲学本质上的改造，代表着以一种撇开那些不调和的继承因素的方式来叙述这些因果的一种努力。它不把智慧看作事物的最初塑造者和终极原因，而把它看作是对于那些妨碍社会福利的自然和生命的方面进行有目的和能动的改造的角色。它尊重个人，但不是把个人视为能用某种魔法创造世界的一个自负的自我,而是把他视为这样的行为者,即他通过主动、独创能力和用智慧指导的劳动来改造世界,并将它转化为智慧的工具和财产。

  培根的"知识就是力量"所表达的观念系列因此得不到自由而独立的表达。它们毫无希望地纠结在体现了与它们完全不相容的社会、政治和科学的传统的种种立场和成见里面。近代哲学的晦涩和混乱,就是试图把两个从逻辑和道德上都不可能结合的东西结合起来的产物。哲学的改造,在当前就是要竭力解除这些纠结,让培根的期望得到一个自由而不受阻碍的表达。在接下来的一些讲演中,我们将要考虑必需的改造,因为它影响了古典哲学的几个对比,如经验与理性、真实与理想等等。但是,首先,我们必须考察改变了的自然概念对于哲学产生的修正效果,这种自然无论是有生命的还是无生命的,我们都把它归因于科学的进步。

第三章 哲学改造中的科学因素

哲学发源于对生活中出现的困难所作的某种深刻而广泛的反应方式,但只有在能使这种反应在实践上成为有意识的、明显的且可以交流的材料的时候,才能产生哲学。前一讲已经提到,一次广泛的科学革命伴随经济的、政治的乃至宗教的变化而发生了,它涉及关于自然、物性和人性的信仰等等几乎所有的细节方面。这次科学转型的发生,部分是由于实践的态度和性情的变化。但是,随着它的进展,它赋予了那种变化以一个相应的词汇,满足了它的需要并使它清楚明白。为了阐明、澄清、沟通和传播这个新趋向,科学的进步正好在其广泛的概括性和关于事实的特定细节方面,提供了所必需的、有关各种观点和具体事实的理智工具。所以,我们今天就来谈谈那些在自然的结构和要素上相对应的观念,它们是在科学权威(自封的或名副其实的)之下被接受并形成了哲学的理论框架。

我们选取古代和现代科学的观念来对比。这是因为,对于现代科学①所描绘的世界图像的真正哲学意义,我看除了把它和那赋予传统形而上学以知识的基础和确证的早期图像进行对比展示之外,是无法理解的。哲学家们曾经信赖的世界是一个封闭的世界,其内部包含着一定数量的固定形式,而外部则有明确的边界。但现代科学的世界则是一个开放的世界、一个

---

① modern——杜威那时指的是现代,在现在看来包括了近代和一部分现代。按中文翻译惯例,在指称科学时可以译为"现代",但指称哲学时,则译为"近代"。——译者

变化不定的世界,其内部构造没有任何可设定的限制,而向外伸展超出任何设定的界限。此外,即使是古代最明智的人,也会认为人们生活于其中的世界是一个固定的世界,是一个变化只在静止常存与不可移易的界限内发生的领域;就像我们已经注意到的,在这个世界里,那些固定不动的东西被认为在品质和权威上都高过那些运动与变化的东西。第三,人们从前亲眼看到的、用其想象描绘的并反复出现在其行动计划中的那个世界,是一个在性质上具有一定数量等级、种类和形式(因为种和属当然不同),而且以优劣等级次序排列着的世界。

回想古代世界中被认为理所当然的宇宙之影像是不容易的。尽管这个影像经过(如在但丁那里的)戏剧化和亚里士多德、圣·托马斯的辩证阐释,尽管它控制人心一直到三百年以前才结束,而且它的倾覆涉及宗教的巨变,但它还是暗淡、消退而远去了。即使作为一个单独的、抽象的理论之物,也难以恢复。

就像某个普遍的东西,交织着各种反思和观察的细节,交织着各种行为的计划和规则;对于它,要想追忆回来是不可能的。但是,我们要尽量在心中设定一个绝对封闭的宇宙,它是在名义上和可见的意义上可以称为宇宙的某种东西。地球位于其固定不变的中心,在其固定的周围则拥聚着一群固定不动的恒星,它们在神圣的以太中,以永恒的圆周运转着,包围万物并永恒地保持其统一和秩序。地球虽在中心,却是这个封闭世界中最粗糙、最笨钝、最物质、最不重要而又最不好（或最不完美）的部分。在它之上，有无数的波动和变迁；它是最不合乎理性的，因而也是最不足道或最不可知的；它最不值得静观沉思，最不招致赞美，也不支配行动。在这个粗糙的物质中心与非物质的、精神的、永恒的天堂之间，有一个日、月、行星等等确定的系列的区域；它离地越远就离天越近，其等级、价值、合理性和实在性也就越高。这些区域中的每一个都是按照其自身的支配程度，由适量的土、水、气、火四元素所构成，只有天堂是超越这些法则的，如刚才所说，它是由非物质的、常住不变的、叫做以太的能量所构造而成的。

在这个密闭的宇宙中，当然也发生着变化，但只是少数固定种类的变化，而且只运行在固定的界限内。每种东西都有它自己适当的运动形式。属于地的东西本质是重的，它们由于重而下坠。火和高级的东西轻而上升，因而往上飞到它们适当的位置；空气只升到行星的层面，然后在那里采取前后运动的形式，这种运动是它的本性，就像在风和呼吸中那样明显。作为一切自然事物中最高的东西，以太进行着纯粹的圆周运动。不动的恒星每日的回返可能最接近于永恒，也最接近于心在它自己理想的理性之轴上的自转。而地球上，则因其世俗的本性——或其德性的缺乏——便只是一个变化的场所。无目的、无意义的单纯流动，既不开始于一个定点，也无所终，没有任何意义。仅仅量的变化、所有纯粹的机械变化都属于这一类。它们像海边的沙子一样流转。它们可以被感觉到,但不能被"注意到"或被理解,因为它们缺少支配它们的固定界限。它们是下贱的,是随意的,是偶然的运动。

只有那些导致某种确定或固定的形式结果的变化才应当予以考虑,才有逻各斯或者理性。各种动物、植物的生长,展示了在现世或者世俗的范围内可能存在的最高级变化。它们从一种确定的形式转到另一种形式。橡树只生橡树,牡蛎只生牡蛎,人只生人。机械生产的物质因素也加入进来了,但是作为偶然因素加入的,因而妨碍了物种类型的完成,并导致无意义的变异,从而多样化成各种各样的橡树或牡蛎,甚至在极端情况下生出畸形、变态、怪物、三手或四趾的人。除了这些偶然的、令人不快的变异以外,每个个体都要从事一个固定的职业,走一个确定的人生道路。有些术语听起来是现代的,如在亚里士多德的思想里大量存在的词,譬如潜能和发展①,已经误导一些人用现代的意义去解读它们了。然而,这些词语在古代和中世纪思想里的意义是由其语境所严格限定的。发展只是种的一个特殊个体内发生的变化过程,只是由橡子长成橡树的预定运动的一个名称。通常,它并不发生在事物上,而只在橡树家族中数量上无关紧要的某一种上。按照现代科学来说,发展

---

① potentiality and development,很可能是指潜能(dynamis)和实现(现实性,actuality, entelecheia)。——译者

与进化绝不是新形式的起源或旧物种的突变,而只是一个关于变化的预定圆周的单调变动。所以,潜能也不像在现代生活里那样意味着创新、发明或激烈变异的可能性,它只不过表示橡子长成橡树的那一种原理。从技术上来说,它是运动于相反的两端间的那种能力。只有冷的可以变成热的,只有干的可以变成湿的,只有小孩能够变成大人,只有种子能够变成麦苗,如此等等。潜能并不含有什么新东西出现的意义,它只是一个特定事物重复其种类所循环发生的变化过程,从而成为万物所由并在其中构成的诸永恒形式的一个特例。

尽管在个体中具有几乎无限的差异性,但种、属、类的数量却是有限的。这个世界基本上是一个归属于种类划分的世界,它已被预先安排进不同的种类。而且,就像我们自然地将动物和植物按不同的系列、等级和级别,从低到高排列一样,这个宇宙中的一切事物也是被如此排列的。事物按其本性而归属于不同的种类,这些种类形成一个等级次序。在自然界里也有各种等级;宇宙是按贵族等级制——确实地说,是封建等级制——构成的。种类、级别并不混淆或重叠——只是在意外情况下才会陷于混乱。一般而言,每个事物早已确定属于某个等级,而这一等级在存在的等级结构中有其确定的位置。宇宙本是一个整洁的处所,其纯洁只因个体不规则的变化而污染,而这个变化是由于出现了拒绝完全服从规则和形式的顽固物质所致。在这样一个宇宙中,每个事物都有一个固定的位置,而且也都知道并维护着其位置、地位和等级。因此,被技术性地当作终极的形式因(formal causes)至高无上,而动力因(efficient causes)居于次要位置。所谓目的因(final cause),不过是表示这样一个事实的名称:事物的种或类所特有的某种固定形式导致各种变化发生,从而使这些变化以这个形式为目标和终点而趋向于它,把它当作是它们真正本质的完成。月亮之上的区域是空气与火的固有运动的终点或目的因;而地球是重物的运动终点;橡树是橡子运动的目的,成熟的形式是幼芽的形式动作之目的。

产生或激发运动的"动力因"不过是某种外在的变化,它对于那未成熟的、不完美的东西偶然推了一下,使它向着完美或圆满的形式运动。目的因就是被当作对事先种种变化的解释或者原因的完美形式。当它不是用来指称完成并停止于它的种种变化时,它本身就是"形式因":"造成"或构成一个东西的如其真实地所是,也即只要它始终不变,就是它所是的那个内在本质或特性。以上所讲的特征,在逻辑和实际上都是密切关联的。攻击一个就是攻击全部;驳倒了一个,就驳倒了全部。这就是为什么最近几个世纪以来,人类理智的改进可以真正称得上是革命的理由。它更换了一个在每一点上都不同的世界观。无论你从哪一点去追踪这个差别,你都会发现自己卷进所有其他的点中。

科学现在向我们展示出一个在时间和空间上都是无限的

宇宙,而不是一个封闭的宇宙,也就是说,它在任何地方、任何目的上都没有限制,它在内部构造上与其在范围上一样都是无限复杂的。因此,它是一个开放的世界、一个无限多样化的世界、一个在旧的意义上根本不能被称作宇宙的世界;它如此复杂而广阔,以至于既不能概括,也不能包容在任何一个公式里。变化而不是固定性,现在已成为一种衡量"实在性"或存在能量的标准了,因为变化无处不在。现代科学家感兴趣的是运动的法则(laws),是产生原因与后果之间关系的法则。他谈论法则,而古人说种类和本质,因为他所想要的是各种变化之间的相互关系,以及对应一个变化而发生另一个变化进行考察的能力。他不想界定、限定变化中永恒常存的某种东西。他要描述有关变化的一种恒常的秩序。"恒常"这个词在两种陈述中都出现了,但其意义却不相同。在一种情况下,我们处理的事物在存在上是不变的,譬如物理的或形而上学的;另一种情况下,是说事物的功能和运作永恒不变。一个是独立存在的一种形式,另一个是对各种相互依赖的变化进行描述或计算的一个公式。

　　简言之,古典思想接受种或类的封建式排列次序,各自从其上级"获得"特权,并对其下属授予约定行为和服务的规则。这个特征准确地反映了我们刚才研究的社会情境,而且与之极为相似。关于封建制基础上构成的社会,我们拥有相当明确的概念。家庭原则、血亲原则是强烈的,尤其上升到社会尺度上,更为如此。在低端，个人可能或多或少地被埋没在大众里，因为所有个体都是共同群体中的组成部分，没有什么特殊的东西可以区分出他们的出身。但是，在特权的统治阶级中，情况就完全不同了。血缘纽带立刻从外面把一个团体标识并区分出来，在内部则把所有成员紧紧地结合在一起。从社会的、具体的事实到技术的、抽象的事实，亲属、类别、级别、种类都是同义词；因为亲属是一个共同本质的标记，是一个对某种普遍而持久的东西的标记，这个东西贯穿于各个特殊的个体之中，并赋予它们真实的客观的统一性。因为如此这般的人们都是同族，所以他们就真正地，而不是仅仅按照惯例地，被划归到一个具有若干共同特性的类中。所有同时代的成员组成一个客观的统一体，它包括所有先祖与后代，但排除所有属于其他血族或种类的人。确实，这样将世界分成不同的种类，每个种类都各有其明显不同于其他种类的特性，并结合有数量不等的个体，以防其多样性超过固定的界限。可以毫不夸张地说，这些情形是家族原则（family principle）对于世界全体的一个投影。

　　此外，在封建社会，每个血缘团体或种族都占有一定的社会位置。它以其所占或高或低的等级为标志。这个地位等级授予它以一定的特权，使它能够强制命令在那些等级上低于它的团体或种族，而对于那些高等级者则致以奉侍和敬意。这个因果关系可以说是上下等级关系，因为影响与权力是由上而下的，下级的行动事实上是对其上级表示敬意。行动与反应完全不同,而且处于相反的方向。所有的行动都属一类,都带有支配的本性,而且都是从上往下的。反应带有由下而上的顺从(subjection)和尊敬(deference)的性质。有关世界构成的经典理论,与这个以尊严和权力大小而匹配的阶级次序在每一点上都是彼此相应的。

历史学家赋予封建主义的第三个特征是,等级排序以兵役为中心,以武装防卫与保护之关系为中心。我担心上文所说的有关古代宇宙论与社会组织之间的平行论会被当作一种奇怪的类比;如果还就这最后一点来作一个比较,无疑,你们会认为这个比喻是强词夺理的。如果我们太多地从字面上来看待这个比较,情况就真的如此。但是,如果我们只注意两者所包含的有关规则和命令的观念,情况就不同了。我们已经注意到,当今人们给予法则或规律(law)这个术语的意义——变化中的恒常关系。然而,我们常常听到各种"支配"事件的规律;常常以为,如果没有规律维系其秩序,那么,现象将会是完全混乱的。这种想法就是试图以自然界中的关系来解释社会关系——不一定是封建的关系,而是统治者与被统治者之间、君主与臣民之间的关系——的一种思想残余。规律被同化为如同命令或者秩序这样的东西。即使消除个人意志这个因子(就像在最好的古希腊思想里的那样),规律或普遍性的观点仍然包含着从上往下的指导和统治力的意义。普遍性的统治,就像工匠心中的目标和模型在精神上对其行动的"支配"。中世纪对古希腊的支配观念,还加入了"出自一个高级意志的命令"的观念,所以把自然的运转看作好像它们是在完成一个指导行动的权威者设定的任务。

现代科学所描绘的自然图景的特征,显然与此相反。当大胆的天文学家抛弃"天上运行的崇高的理想的力量与地上驱动世俗事件的卑下的、物质的力量之间的区别"时,现代科学就迈出了它的第一步。曾经假想的天上与地上所存在的实质和力量上的差异遭到了否定。现代科学断言,处处运行着同样的规律,自然界每个地方的物质和变化过程都是一致的。对于遥远的和审美上崇高的东西,我们要运用熟知的平常事件和力量,科学地描述和解释它。我们所直接处理和观察的材料,是那些对于我们来说是最有把握的东西,是我们比较熟知的。对遥远的天上之物进行的粗疏肤浅的观察,在未曾被我们转化成为与手边直接接触的事物同样的元素之前,依然是盲目而不被理解的。它们展现出来的,不是高傲的价值,反而仅仅是问题。它们是挑战,而不是启蒙的手段。地球在等级上并不高过日月星辰,在尊严上是一样的;地球上所发生的事件,是我们了解天上物体的钥匙。因为它们在我们的身边,所以能够被我们掌握、操纵,或分解为我们可以处理的种种元素,随意组合成各种新旧的形式。这个纯粹的结果,我想,可以毫不勉强地以阶级平等的民主制度代替不平等的、有尊卑次序阶级划分的封建制度。

对于新科学来说,一个重要的事件就是把地球当作是宇宙的中心这个观念的瓦解。当认为宇宙存在一个固定中心的观念消失后,一种封闭的宇宙观念和天穹有界的观念也就跟着烟消云散了。对于古希腊人来说,正因为他们的认知理论受到美学思想的支配,所以有限的即是完美的。从字义上看,有限的就是已经完成了的、结束了的、完整的,没有凹凸不平的边缘和无法解释的操作。不确定或者无界限的东西在品质上还有欠缺,就是因为它是不确定的。一个东西是万物般的,那么,它也就什么也不是。它是未成形的、混沌的、无拘束的、无法度的,是不可测的差异和变故之来源。如果不是我们的兴趣已经从审美的转向实践的,从关注和谐完善的景象转向试图改变不和谐景象,那么,我们现在的感想由无限性关联到无限的力量,到永无止境的扩张能力,到没有外在限制的进步的兴致,将是不可理解的。一个人只要读一读那个过渡时期的作者,譬如乔尔丹诺·布鲁诺(Giordano Bruno),就能认识到他们与一个封闭而有限的世界交往有着什么样的压抑和令人窒息的感受;而一个在时间和空间上可以无限延伸,内部由无可计数的各种元素所组成的世界,在他们心中激起的是怎样一种愉快、舒展而有无限可能的感触啊!对于希腊人带着厌恶心情排斥的东西,他们却以一种令人陶醉的冒险精神来迎接。的确,无限的就是意味着某种即使思想也永远接触不到的东西,因此是某种永不可知的东西——无论知识成就多么伟大。然而,这个"永不可知"

并不是冷漠和阻碍性的,反而是对于不断进行新的探究的激励、对于进步的无限可能性的保证。

历史学者深知,古希腊在力学和几何学等科学上取得了巨大的成就。乍一看很奇怪,力学上进步这么大,而现代科学方向上的进步却如此小。这个看似的悖论驱使我们追问为什么力学总是一个孤立的科学,它为什么不以伽利略和牛顿的方式去描述和解释自然现象。这个问题的答案,可以在提到过的社会平行论里找到。从社会方面来说,机器、工具是工匠所用的设备。力学科学与人类机械工所用东西的种类有关,而机械工身处社会底层;那最崇高的东西,天上之光,怎么可能由他们而来呢?此外,把力学成果运用到自然现象,这本身就含有对现象进行实际控制和利用的兴趣考量,它与对作为自然确定裁决者的目的因重要性的强调完全不相容。所有16世纪和17世纪的科学改革者都惊人地一致,他们赞同把目的因学说当作科学失败的原因。为什么呢?因为这个学说教导我们,自然过程受制于一定的、必须实现的目标。自然受到管制,要产生出有限数量的死板的结果。只有少数的东西可以生成出来,而它们又必定类似于相似的周期性变化在过去所造成的结果。探究和理解的范围只限于最终落脚于确定目的的过程这样一个狭窄的地带,而这些目的是由观察到的世界提供给我们去观察的。充其量,作为利用机器工具新结果的发明创造,必须严格限于价值微小的应用于身体上而非智力上的一些物件。

当具有确定目的的"刚硬夹子"从自然界脱落下来的时候,观察和想象就得到了解放,为了科学和实践的用途而进行的实验控制也得到了巨大的激发。因为自然过程已不再局限于一定数量的不变目的或结果,任何事情都可能发生,它只是一个有关什么元素可以并列在一起从而可以互相作用的问题。力学立刻就不再是一门孤立的科学,而成为一种处理自然的工具(organ)。杠杆、转轮、滑车和斜面的力学精确地告诉我们:当我们利用空间的各种物体,在一定时间内相互推动时会发生什么事情。整个自然界变成一个充满各种推与拉、齿轮与杠杆、组件或要素运动的场景,而这个场景直接地运用了由众所周知的机器所获得的各种运动公式。

把目的和形式从宇宙中驱逐出去,对许多人来说,似乎是一种理想与精神的堕落。当人们把自然看作是一套机械的相互作用时,它显然失去了所有的意义和目的,它的荣光消失了。质的差别的消除,也夺去了它的美丽。对向往理想的一切内心渴望和憧憬本性的否定,就是对自然及自然科学与诗、宗教及神圣事物之间的关系的剥夺。所剩下的,似乎就只有赤裸裸的、严厉的、粗鲁的和毫无生气的机械力量了。其结果,对于许多哲学家来说,一个主要的难题看起来就是将这个纯粹机械的世界之存在,与人们对客观的合理性与目的的信仰加以调和——将生命从正在堕落的一种唯物主义中拯救出来。因此,许多人想通过对认知过程的分析(即认识论),回复到古代维持在宇宙论基础上的、对于理想存在(Ideal Being)优越性的信仰。不过,一旦我们认识到机械论的观念是由一种对自然力的实验控制的要求决定,这个调和问题就不再困扰我们了。让我们回想一下,固定的形式和目的是标志变化的确定界限,因此,它们使一切产生和调节变化的人类努力都归于无用——除了在狭小而无足轻重的范围内还有一定的效果之外。它们以一个事先就宣告失败的理论来麻痹人类建设性的发明,因而人的行动只能遵从自然已经赋予的目的。直到人们把目的从自然界驱逐出去之后,意图才作为能够重塑存在物(existence)的人类精神的因素而变得重要起来了。一个不为实现一套既定目的而存在的自然界相对来说,是具有伸展性和可塑性的;它可以用于这个目的,也可以用于那个目的。我们可以从力学公式的应用中来了解自然界,这是利用自然为人类谋利的首要条件。各种工具和机器是供人利用的手段。只有当自然界被看作是机械的时候,有关机器的系统发明和制造才与自然界的活动相关。自然界屈服于人类的意图,因为它不再是形而上学和神学宗旨的奴仆了。

柏格森已经指出,我们完全可以把人类称为制造工(*Homo Faber*),人的特点是能制造工具的动物。这个命题是从人类变成人类以来都有效的,但直到自然界被用力学的术语解释以前,用以处理和改变自然界的各种工具的制造还是偶然的和散见的。在这样的境况下,即使柏格森也未必想到,人类制造工具的能力是如此的重要和根本,以至于我们可以用它来定义人类。使力学的-物理学的(mechanical-physical)科学家的天性在审美上变得空灵而迟钝的东西,正是使自然界服从人类控制的东西。当各种性质(qualities)被放在各种数量的和数学的关系中时,色彩、音乐和形式便从科学家的研究对象中消失了。而其余的性质,如重量、大小和运动中可计数的速度等等,可以彼此替代,可以从一种能量形式转化成为另一种能量形式,或者用转变所带来的效果来衡量。当化学肥料可以用来替代动物肥料的时候,当改进的谷类和家畜可以有目的地从各种劣等动物和草类中培养出来的时候,当机械能可以转化成热能、电能可以转化成机械能的时候,人类就获得了操纵自然的力量。最重要的是,人类获得力量以制定新的目的,并按规则系统以求得它们的实现。只有与性质无关的、不确定的替代和变换,才可能使自然界受控制。对自然界的机械化,是一种实践的和进步的理想主义在行动中的前提条件。

由此可见,那年代久远的对于物质的恐怖和厌恶在实践上是荒谬的,在理智上是无能的:因为它以为物质与精神相反,是一种威胁精神的东西,所以要拘束在最小的认识范围内;因为它以为物质应尽量否定,以免侵犯理想目的而最终将其从真实的世界里排除出去。仅从科学的立场来判断,对于它所做的以及如何做的来说,物质就意味着条件。尊重物质,就是尊重取得成就的条件,有的是妨碍、阻碍而必须改变之条件,有的是帮助、促进而可用来消除障碍达到目的之条件。只有当人们学会真诚而持久地尊重物质，尊重一切努力的成功所消极地、积极地依赖的条件，才会显示出忠实而富有成效的对目的和意图的尊重。自命抱着目的不放而轻视实行的手段方法，乃是一种最危险的自欺。当教育和道德获得教训，从而一心一意地关注手段和条件时——也即人类长久以来把它轻蔑地视作物质的和机械的事物时，就可以走上如化学工业和医学所走的那样的进步之路。如果我们把手段当作目的，就真的陷入道德唯物主义了。但是，如果我们只关注目的而不考虑手段，就会堕落到情感主义（sentimentalism）层面。我们在理想的名义下求助于运气和机会、魔术或戒律，以及说教；否则，便求助于无论多大代价也要达到预定目标的一种狂热主义（fanaticism）。

在此讲里，我以一种简略的方式谈到许多东西，但所关注的只有一点，那就是在我们的自然观念和认识自然的方法上的革命。它培养了一种想象和渴望的新气质，它巩固了由经济的和政治的变化所生成的新态度，又给这种态度提供了一定的知识资料（intellectual material），从而使得这个态度借以自我阐明和自我辩护。

在第一讲里曾经提到，古希腊生活中平凡的事实（matter-of-fact）或经验的知识，在与特殊的社会制度和道德习惯所密切关联的想象的信念相比时，处于极大的劣势。现在，这种经验的知识已经增长到突破了其有关应用和尊严的低级而有限的范围。通过引进无限的可能性、不确定的进步、自由的运动和不顾确定限制的平等机会等观念,经验的知识本身已经成为一种激发想象的工具。它重塑了人类的社会制度,而且已经发展出一种新的道德。它获得了理想的价值。它可以转变成为有创造性和建设性的哲学。

然而,它只是可以转变的,而不是已经转变了的。当我们考虑到古典哲学如何根深蒂固地嵌入我们各种思想和行为的习惯里,而新哲学又是多么适合于人类自发的信仰的时候,伴随着新哲学的诞生而同时带来的阵痛,就没有什么奇怪的了。我们应当感到惊讶的是:如此具有颠覆性,如此具有毁灭性的观念,却没有遭受更多的迫害、牺牲和干扰而竟然前进了。它在哲学上的完整且前后一致的明确表达受到了长久的推延,当然也就不足为奇了。思想家的主要努力不可避免地倾注在对变化冲击的最小化、缓和转变的急迫性之上,关注于调解与和解。当我们回想起17世纪和18世纪几乎所有的思想家,回想起除了那些公然宣称怀疑论者和革命论者之外的所有人,让我们感到吃惊的是,即使在那些被认为是最进步的人中,也存在着大量传统的主题和方法。人们是不容易抛弃旧的思想习惯的,也绝不会立刻就抛掉它们。在发展、传授和接受新观念时,我们还是被迫要用某些旧的观念作为理解和交流的工具。新科学的全部内容只能够一点点、一步步地去领会和掌握。大概说来,17世纪见证了新思想在天文学和一般宇宙论上的运用,

18世纪则是在物理学和化学上的运用，而19世纪则是在地质学和生物科学中的运用。

据说，要想恢复17世纪以前普遍流行于欧洲的那种世界观，现在变得极其困难了。但是，我们只要回想达尔文以前的植物学和动物学，以及在道德和政治问题上至今仍然处于支配地位的各种观念，就可以找到那完全支配流行精神的旧观念秩序。直到诸如固定不变的种和属、等级高低的安排、转瞬即逝的个体对普遍性或种类的从属等等此类信条，在生命科学上的权威性被动摇之前，想让新观念和方法渗透到社会和道德生活中去是不可能的。走这最后一步，难道不就是20世纪的理智任务吗？而一旦走出这一步，科学的发展就可以圆满完成，哲学的改造就可以变成现实。

第四章 经验与理性的观念转变

什么是经验？什么是理性、心灵？什么是经验的范围和界限？它在何种程度上是信念坚实的基础和行为安全的指南呢？我们在科学和行为上是否可以信赖它呢？抑或，一旦我们超越一些低级的物质利益，它就变成一个泥坑吗？它是否如此脆弱、不牢靠和肤浅，以至于我们不能通过它安然走上通往沃野之道，反而误导、背叛并吞噬我们吗？一个经验之外和经验之上的理性，对于提供科学和行为以确定的原理是否必需吗？这些问题在一种意义上，暗示了深奥的哲学的技术性问题；而在另一种意义上，则包含有关职业人生最深层次的问题。它们关系到人类用以形成其信仰的标准，用以指导其生活的诸原理，以及他所趋向的诸目的。人类是否必须用某种将其带进超验世界、具有独一无二特征的工具来超越经验呢？如果在这一点上失败了，那么，他们是否必定徘徊于怀疑与幻灭之间而迷失方向呢？抑或人类经验本身在其目的和指导方法上，究竟有没有价值呢？人类经验能否自己开辟出稳定的路线，还是必须依靠外界的帮助呢？

我们知道传统哲学对以上问题所给出的答案。这些答案虽然并不完全一致，但都认同经验决不会上升到超出特殊性、偶然性和可能性的水平之上。只有在起源和内容上都超出所有一切可想象的经验之外的一种力量，才能达到普遍的、必然的和确定的权威与方向。经验主义者自己也承认这些论断的正确性。他们只是说，既然人类并没有纯粹理性这种能力，我们就必须满足于自己所拥有的经验,并最大限度地利用它。他们自我满足于对超验主义者的怀疑性抨击,满足于向我们指出可以最好地把握流逝瞬间的意义与善的方法;或者像洛克那样断定,经验虽有局限性,但给人们提供光明,以恰当地指引行动中的步伐。他们确信,来自高层机构的所谓权威指导,实际上起了妨碍作用。

此讲就是要表明,认为经验是科学和道德生活的指导的主张现在是怎样提出,以及何以可能提出的,而这是以前经验论者所未曾、也不可能提出的。

相当奇怪的是,问题的关键却在于这样一个事实,即关于经验的旧观念本身就是经验的一个产物——当时对人们开放的唯一一种经验。如果现在另一种有关经验的观念是可能的,那恰恰是因为,现在所能够经验到的品质经历了一个与从前相比更加深刻的社会和理智的变化。我们在柏拉图和亚里士多德那里找到的关于经验的解释,是对古希腊人的经验究竟是什么的一种说明。它相当符合现代心理学家所知道的,通过试验和错误学习而不是通过观念学习的方法。人们尝试某些行为,就会经历相应的感受和影响。这些行为在发生的时候,都是孤立的,而且是特殊的——与之相应的,是瞬间的欲望和转瞬即逝的感觉。然而,记忆将这些彼此分离的事件保存并积累起来。随着它们的逐渐积累,一些不规则的变化被删去,而共同的特征被挑选出来、得到加强并结合起来。一种行为习惯就渐渐形成了,而与这习惯相应,同时形成了对对象或情境的某种概括的意象。于是,我们不仅能够认识或注意到这种特殊性——作为一种特殊事物的特殊性,严格说来,是根本不可能认知的(因为不分类就不能被刻画和识别),而且还把这种特殊物刻画为人、树、石头、皮革等等,它们都是属于某一种类的个体,是用一个事物种类所特有的某种普遍形式来标识的。随着这种常识性知识的发展,就产生了一种特定的行为规则性。各种特殊的事件是融合在一起的,而一种在其所及的范围内具有普遍性的行动方式便形成了。技巧的发展表现在工匠、鞋匠、木匠、运动员和医师等人身上,他们处理各种事情各有一定的规范方式。当然,这种规范性表明,特殊案例不可作为一种孤立的特殊事件来处理,而要作为一类中之一,并因此要求某一类的动作。医生就是从所遇见的多数特殊病例中,通过尝试把其中若干症状归结到诸如消化不良的种类去,从而学会以一种共同或普通的方法来治疗这类症状,并按规则推荐饮食和处方。所有这些,就形成了我们所谓经验的东西。而如前面论证所表明的,它就导致一种概括性的见识,以及行为中一种组织化了的技能。

不用多说,这种概括性与组织是有局限性的,而且是易错的。正如亚里士多德喜欢指出的那样,它们常常在大多数情况下表现为一种规则或原理,但并不是普遍的,也不是必然的。医生一定会出现误诊,因为各个病例必定不同,而且难以解释,这就是它们的本性。这个困难的出现,不是因为医生缺乏经验,从而不能实施救治,而是因为经验本身是有缺陷的,故而错误无可避免,也无可救治。唯一的普遍性和确定性是位于经验之上的,理性的和概念的世界。如同特殊事物是到达想象和习惯的一块踏脚石一样,后者也可以变成通往概念和原理的一块踏脚石。但是,后者却放下经验不管,并不反过来修正它。当我们说某个建筑师或医生的操作程序是经验的而非科学的时候,实际上,就是把"经验的"(empirical)和"理性的"(rational)对立起来的观念在作祟。不过,经验概念的古今差别表现在这样一个事实中:这样的陈述现在已成为针对某一特定建筑师或医生提出的一种指责、一种诽谤的控诉。在柏拉图、亚里士多德和经院派看来,它是一种对于职业的指责,因为各种职业就是各种经验的模式。它是一种对一切与概念的沉思相对立的实践行动的控诉。

一个自我宣称是经验主义者的近代哲学家,常常拥有一颗批判之心。他会像培根、洛克、孔狄亚克(Condillac)和爱尔维修(Helvétius)一样,面对自己根本不相信的一堆教条和一系列的制度规定。他的难题就是要对人类白白背负着的如此之多的僵死的重担进行攻击,并打破和毁坏它。他进行最现成的毁坏和瓦解的方法就是诉诸经验,以经验作为最后的试验和标准。在任何情况下,积极的改革者都是哲学意义上的"经验主义者"。他们专门从事证明那些曾经主张对天赋观念或必然概念的认可,或导源于理性的权威启示之某种流行的信条或制度,实际上源出于低微的经验,并且是由偶然因素、阶级利益或有偏见的权威而获得承认的。

洛克发起的哲学经验主义的意图就是这种破坏。它乐观而想当然地认为,当盲目的习惯、强制的权威和偶然的结合等负担被排除时,科学和社会组织中的进步就会自然发生。它的角色就是帮助人们解除这个负担。将人们从这个负担中解放出来的最好方法,是阐明那与可恶的信条和习惯相关的观念在人心中起源和生长的自然历史。桑塔亚那(Santayana)公正地将这一派心理学称为恶意的心理学。这个心理学倾向于把某些观念的形成史和对那些观念所关涉的诸事物的解释看成是一样的——这种等同自然会对那些事物产生不利的影响。但是,桑塔亚那却忽视了隐藏在恶意里的社会的热诚和目的。他没能指出,这个"恶意"是针对已经失效的各种制度和习惯的;他也没能指出,对它们的心理学起源的解释即是对事物本身的破坏性解释,这在很大程度上是真的。但是,在休谟明白地指出,将信念分析成为感觉和联想,就是将"自然的"观念和制度放在改革者曾经安置过"人为的"观念和制度的同一地位之后,情况就改变了。理性主义者运用感觉论的经验主义(sensationalistic-empiricism)逻辑来说明,经验如果只是一堆混乱而孤立的特殊事件,那么,它对于科学和道德的法则与义务,以及对于人所憎恶的制度一样,是致命的;他们进而总结道,如果经验必须具备结合和关联的原则,那么就要诉诸"理性"。康德及其后继者所主张的新理性主义的观念论(rationalistic idealism),似乎就是因为新经验主义哲学的破坏结果而成为必然的。

有两个因素,使得一种关于经验的新观念和关于理性与经验关系的新观念,或更正确地说,即关于理性在经验中所占地位的新观念的产生得以可能。第一因素是在经验的实际性质——即实际所经验到的内容和方法——上发生的变化。另一个因素是以生物学为基础的心理学的发展,使得对经验本性的科学规定成为可能。

让我们先从技术方面——心理学的变化谈起吧。我们现在才开始了解到,18至19世纪支配哲学的心理学是怎样被彻底推翻的。按照这种理论,精神生活起源于感觉,而这些感觉是分离地和被动地被人接受,并通过记忆和联想的法则形成一幅由想象、知觉和概念构成的马赛克图画。感觉被认为是知识的门户或通道。除了结合原子感觉以外,精神在认知中是完全被动的、顺从的。意志、行动、情绪和欲望是跟着感觉和想象而起的。理智或认知的因素先行,情绪和意志的生活不过是观念与快乐痛苦的感觉相结合的一种结果。

生物学发展的结果已经倒置了这个图景。哪里有生命,哪里就有行为与活动。为了生命延续,活动就必须既是连续的又是与其环境相适应的。而且,这个适应的调节不是全然被动的;不是有机体受环境的塑造。即使是蛤蜊,也会对环境有所反应,并加以某种程度的改变。它选择原料作为食物,或作护身贝壳。它对环境有所为,对自身也有所为。没有哪个生物只是一味地顺从环境,尽管寄生物接近于这个界限。为维持生命着想,就需要改变周围媒介中的若干元素。生命形式越高,对环境的主动改造就越重要。这种生命对环境的增强控制可以用野蛮人和文明人的对比来说明。假定两者同住荒野中,那么,野蛮人会尽量去适应所处的环境,而尽量少做我们所谓反抗的东西;野蛮人会"就地取材",靠洞窟、草根和碰巧遇到的池沼来维持艰苦而又不安定的生存。而文明人则会到远处的山上,筑坝截流,修筑水库,开挖渠道,把水引到沙漠的荒野去。他四处寻找适宜繁殖的植物和动物。他获取本地的植物,通过选种和杂交改良它们。他发明①机器去耕地和收割,用如此种种的方法把荒野变成盛开的玫瑰园。

我们如此熟悉这样的转变景象,却忽视了它们的意义。我们忘记了生命内在的力量就显现于其中。请注意这个观点在传统的经验观里招致怎样的一个变化,经验变成一种首先是做的事情。有机体决不待在那儿,像米考伯②一样等着什么事情发生。它并不是被动、无生气地等待外界有什么东西给它打上

---

① 原文是"introduce",实则意指从无而引进,即发明。——译者
② Micawber——狄更斯小说中的人物。——译者

印记。生物体按照自己或繁或简的机体构造作用于环境。作为结果,环境中所产生的变化又反作用于这个有机体及其活动。这个生物经历、感受它自己行为的结果。这个做(doing)和受(suffering)或遭受(undergoing)的密切关系,就形成了我们所谓的经验。不相关的做和不相关的受都不能成为经验。在一个人睡着时,假如火烧到他,他身体的一部分被烧着了。这个烧伤不是以清醒的知觉从其行为中产生出来的,在启发性的意义上没有什么是可以叫做经验的;再说一次,其中只有一连串的单独行动,如在痉挛中的肌肉收缩等。这些运动没有什么价值,它们对于生活没有影响;即使有,这些结果和事前的动作也没有关联。其中既没有经验,也没有学习,更没有积累的过程。但是,假如一个顽皮的小孩把手指放进火里去,他的动作是随便的,既没有目的,也没有意图或反思,但在结果中有些事情发生了。这个小孩遭受烧伤,感受痛苦。这个做和受、伸手和火烧就关联起来了。一个行为暗示并意味着另一个行为,那么,这里就有一个意义非常重大的经验。

哲学上的某些重要意蕴就随之产生了。首先,在利用环境以求适应的过程中,有机体与环境之间所起的相互作用是首要的事实、基本的范畴。知识归属于一种从属的地位,在起源上是次生的,即使它有着一旦确立就很明显的重要性。知识不是孤立自足的东西,而关涉到生命得以维持和进化的过程。感觉丧失了作为知识门户的地位,其正当地位是作为行动的刺激。

对于一个动物来说,眼睛或耳朵的感觉不是有关这个世界上无足轻重的事情的一片无用的信息。它是引发以适当的方式进行行动的诱因。它是行为的一个线索,是对生活适应环境的一种指导因素。它在性质上要求立即的行动和给予关注,而不是认知性的。在经验论和唯理论之间发生的有关感觉的知识价值的全部争论,都成了非常过时的事情。关于感觉的讨论乃在直接的刺激和反应的标题之下,而不在知识的题目之名下。

作为一个意识元素,感觉意味着对以前着手的行动进程的中断。自霍布斯时代以来,许多心理学家研究过他们称之为感觉相对性的东西。与其说我们绝对地感觉到冷,毋宁说我们是在热与冷的转换中感觉到冷的;类似地,硬度是在一个抵抗力较少的背景中感觉到的;而颜色则是与纯亮或纯黑或其他光泽的对比中感觉到的。永无变化的格调或色彩是不会受到留心关注的,也是感觉不到的。我们以为单调地延展的感觉的东西,其实常常受到其他因素的侵入而中断,表现出一系列的来回漂移。然而,这个事实却被误解成为一个关于知识本性的教条。理性主义者用它来诋毁感觉,认为我们既然不能根据它真正地把握任何事物的本体,它就不是有效的或高级的知识形式。感觉论者则以它蔑视所谓绝对的知识,认为它们全都是伪装。

然而,确切说来,感觉相对性这个事实绝不属于认知领域。这种感觉与其说是认知的、理智的,毋宁说是情绪的、实践的。

它们是由于对以前调节的中断而突起的变化冲击;它们是预示行动转向的信号。举个简单的例子,一个做笔记的人正常情况下感觉不到铅笔在纸上或他手上的压力,铅笔仅仅充当导致灵敏而有效的调节的一种刺激。这个感性活动自动地、无意识地引起其发动器官的适度反应。有一个预先形成的生理关联,这是从习惯得来的,但最后返回到神经系统的一个原初关联中。如果笔尖断了或钝了,书写的习惯动作就不能顺利进行,于是他就感到一种冲击——觉得哪里有问题,有点不对了。这种情绪的变化就以引起操作中必要变化的一个刺激而起着作用。一个人看着他的铅笔,削尖它,或从衣袋里掏出另一支。这个感觉是再调节行动的一个枢轴,它标志写字时一种先前常规的中断和另一种行动方式的开始。感觉是"相对的",意思就是表明在行动的习惯里从行为的一个环节到另一个环节的种种转换。

所以,唯理主义者否认感觉是知识的真元素,这是正确的。但是,他对这个结论所持的理由和从此引申出来的推论结果却是错误的。感觉决不是任何知识的成分,无论好坏、优劣、完满与否。感觉乃是对要终止于知识的探究工作的激发者、鼓动者和挑战者。它们不是在价值上比反思方法,比用思考和推理的方法更为低劣的认识方法,因为它们根本就不是认识方法。它们只是引起反思和推理的刺激因素。作为中断,它们提出这样的一些问题:这个冲击是什么意思?发生了什么?怎么了?我和环境的关系如何受到干扰？对此应该做什么？我要怎样改变行动的进程去适应环境所起的变化？我该如何调节自己的行为去应对？因此，感觉就如同感觉论者所主张的那样，是知识的开端，但这只是在如此意义上来说的，即经验到的变化冲击对于那最终会产生知识的考察和比较是一个必要的刺激。

当经验与生命过程（life-process）相一致而感觉被视为重新调节的起点时，有关感觉的所谓原子主义就全然消失了。随后，结合诸感觉的超经验的理性的综合能力也就不必要了。哲学已不再面临那种寻找一种方法去解决以沙结绳的绝望问题的困惑。当洛克和休谟所谓孤立和简单的存在被看作根本不是真正经验的，而只不过是与其心灵理论相符合的若干要求的时候，康德派和后康德派（Post-Kantian）为综合所谓经验的材料而设定的精致的先验概念和范畴，也就没有必要了。经验的真"材料"应该是动作、习惯、活动的功能、做和遭受的结合等适应环节，以及感官运动的相互协调。经验在自身里含有联系和组织的原则，这些原则并不因为它们是至关重要的、实践的故而不是认识论的，就更坏一些。即使最低级的生命，也必定有某种程度的组织。就是变形虫也要在其活动中有一定的时间连续，在空间环境中有某种适应性。它的生活和经验不可能只靠瞬间的、原子的和自我封闭的感觉构成。它的活动与其周围环境以及前前后后的经历都有关涉。这种生命固有的组织，使一种超自然的、超经验的综合成为多余；作为经验内的一个组织因素,它为智慧的积极进化提供了基础和材料。

在这里指出社会的、生物的组织参与人类经验形成的程度,并不是不相干的题外话。认为心灵在认识作用中是被动的观念,可能是由于对无助的人类婴儿的观察而加强起来的。但是,这个观察完全错了。因为身体的依赖和无力,儿童与自然的接触是以别人为媒介而进行的。母亲和保姆、父亲和长辈都会决定他将有哪些经验;他们经常就他所做所遇的事情的意义教导他。社会上流行的和重要的观念,在儿童尚未达到对自己行动进行个人的、深思熟虑的控制以前,早就成为他理解和评估事物的原则。事物来到他面前时披着语言的外衣,而不是赤裸裸的,这个交流的服装使他共享着他周围人所持有的信念。他得到的这些信念以许多事实的形式构成了他的心灵,并成为他自己探讨和感知的中枢。在这里,我们就得到了联系和统一的诸"范畴",与康德的那些范畴同等重要,但它们都是经验的,而不是神话的。

我们从这些初步的或多少有些技术性的考虑,转向经验自身在由古代和中世纪到近代的进程中所经历的变化。对于柏拉图来说,经验意味着禁锢于过去和习俗。经验几乎与既成习惯相等同,这些习惯单凭经验而来,而不是由理性或在理智控制下形成的。只有理性能够把我们从对过去事件的服从中提升出来。当我们看培根和他的后继者,就发现了一个奇怪的反转。理性和跟随它的诸普遍概念现在变成为保守的、奴役心灵的因素；而经验变成为解放的因素。经验意味着新，让我们远离对过去的执着；它揭示新的事实和真理。对经验的信赖并不产生尊崇习惯的热诚，反而产生进步的努力。这个性情差异的意义更为深远，因为它是在无意中形成的。若干具体而重大的变化必定产生于当时的实际经验，如其被经历的那样。因为经验的观念毕竟总是追随并受制于实际经历的经验。

当数学和其他理性科学在古希腊人中发展起来的时候，科学的真理未曾反作用于日常经验。它们还是保持孤立、隔离，以及高高在上的状态。医学可能是最富实证知识的技艺（art），但还没有达到科学的尊严地位，而仍然只是一种技艺。而且，在诸实践的技艺中，也没有什么有意识的发明或有目的的改进。工人只依照传到他们手中的模式去做，离开了既定标准和模型常常导致退化的产品。各种进步要么是从一种缓慢的、渐渐的和无意中的变化累积而来，要么是出于某种突然的灵感，这种灵感会立刻建立一个新的标准。因为进步是无意中得来的，于是人们把它归因于诸神（the gods）。在社会的技艺领域，即使像柏拉图那样的激进改革者，也感到现存弊病是由于没有固定的模型去规范工匠的各种生产所致。哲学中的伦理主旨就是装备这些模型，而这些模型一旦制定好，就由宗教力量奉为神圣，通过技艺得到装饰，通过教育得到培植，通过行政者得到强制实行，从而对它们的任何改变都是不可能的。

经常提到而无须重复的是，实验科学的效果在于使人能够精心地控制其环境。但是,这种控制对于传统的经验观念的影响常常被忽视,所以我们必须指出,当经验不再是经验的而变成实验的(experimental)时候,就发生了非常重大的事情。以前人们运用既往经验的结果只是形成习惯,这些习惯此后只是被盲目地遵守或毁坏;而现在,旧的经验被用来启示目标和方法,以发展新的经验。因此,经验就变成建设性地自我调节的了。莎士比亚就自然所说的一句话意味深长:"自然非手段所改善,而手段却为自然所成",这对于经验一样适用。我们不只是重复既往,或等候意外事件来强迫我们变化;而是利用既往经验来造就未来更好的新经验。这样,经验这个事实就包含着指引它改善自己的作用。

因此,科学、"理性"不是某种从上往下施加于经验的东西。它既为经验所启示和检验,也可以通过发明以千万种方式去扩充和丰富人们的经验。虽然像曾经屡次说过的那样,这种经验的自我创造和自我调节多半仍是技能性(technological)的,而不是真正艺术性的或人文的,但它所取得的成就足以保证智慧管理经验的可能性。由于我们的善良意志和知识中的缺陷,其局限是道德的、理智的,从形而上学的意义上来说,它们在经验的本性上不是内在的。"理性"作为与经验分离的一种能力,曾引导我们到达普遍真理的优越境地,但现在开始让我们觉得飘渺、无趣和无关紧要了。作为一种将普遍性和条理性引入经验的康德式能力,理性已经让我们越来越觉得是多余的——是人类沉溺于传统的形式主义和精巧的术语学的不必要的创造物。以往经验引起的具体启示，按照当前的需要和匮乏而发展和成熟起来，可用作特殊改造的目标和手段，并受到这个调整功夫的成败的检验，这就足够了；对于这些以建设性形式用于新目的的经验启示，我们可以用"智慧"（intelligence）来命名。

这种对经验进程中主动而有计划的思想地位的认可，从根本上改变了关于特殊与普遍、感觉与理性、知觉与概念等技术问题的传统状况。但是，这个改变远远超出了技术上的意义。因为理性就是实验的智慧，是按照科学的模式孕育出来并用以创造社会技艺的，它必定要做某些事情，它将人从过去的束缚中解脱出来，这个束缚是由于无知和凝成习惯的意外事件而导致的。它为人筹划一个更好的未来，并帮助人去实现它。而它的作用又总是受到经验的检验。它所制订的计划，以及计划作为指导改造行动的诸原则，都不是教条。它们是在实践中要得到解决的假设，也即根据它给予我们当前经验所需指导的成功或者失败而对其加以拒绝、修正和扩展。我们可以称之为行动纲领，由于它们是用来使我们的未来行动更少盲目性而更有指导性，所以它们是很灵活的。智慧并不是某种一旦拥有就终身享用的东西。它处于持续形成的进程中，要保存它，就得始终对其后果保持警惕，而且要有虚心学习的意愿和随时重新调整的勇气。

和这个实验性的、重新调整的智慧相比，我们不得不说，历史理性主义所持的理性趋向于鲁莽、自负、无责任心和苛刻——简单地说，即绝对主义。某个当代心理学派用"理性化"（rationalization）这个词来表达那些精神机制，由于它们的作用，我们无意中对于自己的行为或经验加上了一个比事实证实更好看的外观；而对于我们自以为可耻的行为，则引进一种目的与秩序以求自解。类似地，历史理性主义也常用理性来作辩护和辩解。它教导我们，实际经验的缺陷和弊病消失在事物的"合理的全体"里面，事物出现毛病，只是由于经验的局限性和不完整本性。或者如培根所说，"理性"采取一个单纯、统一和普遍的假定，替科学开辟了一条虚构的安逸之道。这个环节导致了理智的无责任性和怠慢——所谓无责任性，是因为唯理主义假定诸理性概念是自足的，从而超越经验之上，所以它们无须经验中的确证，也不能在经验中得到确证。这是疏忽，因为就是这同一个假定，让人忽视了具体的观察和实验。而对经验的轻视，已经在经验中遭遇到一个悲剧性的报复；它培植了对事实的轻视，而这个轻视已经在失败、悲哀和战争中付出了代价。

对于唯理主义独断的苛刻，我们可以在康德试图用纯粹观念支持经验以免混乱的结果中看得最为清楚。他（康德）开始于一个值得称赞的尝试，即抑制理性离开经验的僭越。他称其哲学为批判的。但是，由于他主张理解运用固定的、先验的概念，把关联性引入经验之中，从而使对象可能得以认知（诸性质的稳定而有规则的关系），他在德国思想里发展出了一种对现在各种经验的奇怪的轻视，以及一种对系统、秩序、规则本身的价值奇怪的过高评价。此外，更多的实践原因，促成了德国人对训练、纪律、"秩序"和顺从所特有的重视。

但是，康德的哲学对于个体隶属于固定不变的、既定的一般"原理"和法则，提供了一种知识的辩护或"理性化"。理性和法律被看作是同义词。而且，就像理性是由外面和上面进入经验一样，法律也是由某个外部的和优越的权威进入生活之中的。和绝对主义互有实际关系的是性情的苛刻、执拗和顽固。康德曾经教导我们说，有些概念（conceptions）①、一些重要的概念是先验的，它们不是从经验中得来，也不能在经验中得到证实或检验；要是没有这些现成的东西注入经验中去，后者就处于无政府的混乱状态。当他这样说的时候，他就鼓励了绝对主义的精神，尽管在技术上否定了各种绝对的可能性。他的后继者忠实于他的精神而非他的文字，于是便系统般地传授起绝对主义来了。德国人虽然有科学的品质，技术上也很精通，但在思想和行动上却陷入一种悲剧性的（说悲剧，是因为他们不能了解他们生活于其中的世界）苛刻而"倨傲"的风格之中，这是一个十足的教训。它说明系统地否认智慧及其概念的实验

---

① 杜威可能不大区分 concept 与 conception。conception 有时译为观念妥当，有时译为概念更好，如此处。——译者

性特征会导致什么严重的后果。

众所周知，英国经验论产生的影响是怀疑论的，而德国唯理论产生的影响却是辩解性的，后者要加以辩护的地方，前者偏偏要加以破坏。在德国的理性观念论发现了因绝对理性的必然演化而展开的深奥涵义的地方，英国经验论却察觉到，在自己的或阶级的利益影响下形成种种习惯的各种偶然联系。现代社会遭受到损害，是因为哲学在许多事情上走到极端，它在强硬而牢固的相反两极中随意择其一，或是支离的分析，或是死硬的综合；污蔑并攻击历史的往事为琐细而有害的完全激进主义，或把制度理想化为永恒理性的具体化的完全保守主义；将经验分解为无法维系稳定组织的原子因素，或用固定的范畴和必然的概念来取消所有经验——这些就是诸学派争论时所呈现的两个极端。

它们是感觉与思维、经验与理性这些传统对立的逻辑结果。常识已经拒绝跟随那两种学说达到它们的终极逻辑，并且已经退回到信仰、直觉或实际调停的需要。但是，常识经常遭受到混乱和阻碍，而非专业学者所提出的哲学的启发和指导。回到常识的人们，在诉诸哲学以求获得某种一般指导的时候可能返回常规惯例，某种人格的力量，强有力的领袖，或者一时状况的压力。它所酿成的损害是难以估计的，因为18世纪和19世纪早期的自由与进步运动无法得到一个足以与其实际期望相适应的理性阐释。其精神是公正的，其意愿是人道的和社会的，但就是没有建设性力量的理论工具。悲哀的，还有其头脑是不完善的。对于它所持教义的逻辑，从原子个人主义方面来看，几乎经常是反社会的；而从迷恋粗糙的感觉方面来看，则常常是反人性的。这一缺点恰好为反动派和蒙昧主义者(obscurantist)所利用。诉诸超越经验的固定原理，诉诸不能实验证明的独断教条，依赖先验的真理规范和道德标准的有力论据，而不靠经验的结果与效果——它们的长处乃是公认的哲学经验主义者所采用和传授的不包含想象的经验概念。

一种哲学的改造，应该把人们从一方面是贫乏而片面的经验，而另一方面是虚伪无能的理性这样两个极端的选择中解救出来。它会将人类从其必须承担的、最沉重的智力负担中解救出来；将消灭那个把善意的人们划分为两个敌对阵营的分界线；会允许在那些尊重过去和现成制度的人们与志在建设一个更自由、更幸福未来的人们之间的相互合作。因为它将确定在过去的丰富经验与面向未来而策划的智慧之间可以有效地相互作用的种种条件。它可以使人们尊重理性的各种要求，同时不陷入对超经验的权威的盲目崇拜，或陷入对现成事物挑衅性的"理性化"之中。

第五章 理想与现实的观念转变

前面已经提到,人类经验通过联想和记忆的存在而变成人的经验,这些联想和记忆通过想象之网而连结起来,从而合乎情感的需要。由于缺乏训练,对人来说有趣的生活,就是在平常无聊烦闷之时能够拥有令人兴奋和满意的各种意象。就是在这个意义上,诗歌在人类经验中居于散文之前,而宗教出现于科学之前。即使装饰技艺不能代替实用,也早已发展到与实践技艺不相称的地步。为要给人提供满足和欢悦之情,为要满足当下的情感并给予意识流生活以光亮和色彩,那些产生于过去经验的暗示(suggestions)受到检查和研究,从而使其不愉快的事情得到消除,愉快感得到增强。有些心理学家声称,人对于不愉快之事有一个他们称之为健忘的自然倾向的东西——人们在思想和记忆里回避不愉快的事情,就像他们在行动上回避讨厌的东西一样。每个严肃认真的人都知道,道德训练所需的努力大半依赖于认识一个人过去和现在行为的不愉快结果所需要的勇气。我们折腾、躲闪、回避、伪装、隐瞒、辩解、掩饰等等——就是为了让我们的精神状况稍安。简言之,自发暗示的倾向是把我们的经验理想化,而在意识中给经验以实际上没有的一些品质。时间和记忆是真正的艺术家,它们把现实塑造得离我们的心愿更近。

随着想象变得越来越自由,它受到具体现实的拘束越来越少,理想化倾向摆脱了平凡世界的束缚,飞向更远的地方。在想象重塑经验时,想象中最受到重视的就是现实中缺少的东西。生活平静舒适的程度如何,想象力的懒散迟钝程度就如何。生活越是动荡不定,想象就越是受到它的激发,从而塑造出与事物相反状态的景象。通过解读任何人所构想的空中楼阁的特征,你能够机灵地猜测到潜藏于他心中未遂的愿望。在幻想中,真实生活中的困难和失望变成为显赫的成就和胜利;事实上消极性的东西,在由幻想所构成的想象中将会是积极的;行动中的烦恼,在理想化的想象中将会得到高度的补偿。

这些考虑不只适用于个人心理学。它们对于古典哲学最显著的特征之一——它把那本质上是理想的实在看作是一种终极的、至高无上的——也具有决定性的重要意义。历史学家不止一次在古希腊宗教的奥林匹亚万神殿和柏拉图主义哲学的理想世界之间作了有意义的对比。诸神,无论其来源和原始的特征是什么,都已变成希腊人所选取的成熟功绩理想化的投影,而希腊人就在他们的凡俗自我中欣赏这些功绩。虽然拥有强大的力量、圆满的美丽和成熟的智慧,但诸神与这样的一些凡人一样:他们只过着人们希望过的生活。亚里士多德在批评他老师柏拉图的理念论的时候说,诸理念终究只是感觉永恒化了的事物,他实质上是指出刚才所提及的哲学与宗教、技艺之间的类似性。除了纯技术的含义之外,亚里士多德对柏拉图的理念的批评难道不可以针对他自己的形式吗?数百年来深深影响科学和神学进程的这些形式和本质,除了脱去日常经验对象的污点,消除其瑕疵,修补其缺陷,以及实现其暗示外,究竟还有什么？简单地说，它们如不是日常生活中的神化物又是什么呢？因为它们在许多方面被理想化的想象力所改造，以满足欲望的需求，而在那些方面实际经验总是令人失望的。

柏拉图、亚里士多德在风格上虽有不同，普罗提洛（Plotinus）、马可·奥勒留（Marcus Aurelius）、圣·托马斯·阿奎那（Saint Thomas Aquinas）、斯宾诺莎和黑格尔他们都说，终极实在在本质上要么是完全理想的和合理的，要么是以绝对的理想性和合理性为其必然的属性，这些都是哲学学者所知晓的事实，不必在此赘述。但值得指出，这些伟大的体系哲学用那些表达与令生活不快徒增烦扰的东西相反的观念来定义完美的理想性。什么是诗人和道德家对经验中诸善、价值和满足感抱怨的主要来源？抱怨很少是说这些东西不存在，而是说它们虽然存在，但稍纵即逝，其存在是短暂的。它们不停留；最坏的情况是，它们到来时只是用那理想的、即生即灭的滋味捉弄人，让人烦恼；最好的情况也不过是以真实的现实中一个转瞬即逝的暗示，对人稍加启发和指点而已。诗人和道德家关于感官的享乐、声名和公民成就的俗套话，被哲学家深深地反思过，尤其是柏拉图、亚里士多德。他们的思考结果已编织到西方的观念之网里。时间、变化和运动就是希腊人所谓非存在（Non-Being）的东西，不知何故败坏了真实存在的诸迹象。这些措词虽然古怪离奇，但是，许多嘲笑"非存在"这个概念的现代人其实也在有限或不完美的名义下重复着同一思想。

哪里有变化，哪里就有不稳定性；不稳定性就是某个事物有毛病、缺失、不足、不完备的证据。这些观点对于变化、变成与死亡、非存在之间、限制与不完美之间的关系来说是相通的。因此，完备而真实的实在必定是不变的、不能变更的；它如此充满存在，以致一直并且永远维持着固定的静止和休眠状态。布拉德雷（Bradley）——我们时代里最具辩证思维独创性的绝对论者——就是这样表达他的学说，"完善而真实的东西是不动的"。相比较而言，当柏拉图持一种把变化看作只是失误的悲观看法时，亚里士多德却持乐观看法，他把变化看作是一种达到实现的倾向。但是，在完全实现了的实在、神圣的和终极的实在是不变的这一点上，亚里士多德与柏拉图一样不予怀疑。即使它被叫做动（Activity）或能（Energy），这个动不知有变化，这个能无所为。这种动，就像一个军队永远踏着步而不走向任何地方。

从恒常与瞬态之间的这个对比中产生出其他一些特征，从而将终极实在与实践生活中的一些不完美实在划分开来。哪里有变化，哪里就必定有数量上的多元化、多样性；而且，从多样性中又产生出反抗和冲突。变化就是改造，或"变成他物"（othering），而这就意味着多样性。多样性意味着区分，而区分就意味着事物存在着两面，两面之间存在着斗争。暂现的（transient）世界必然是一个不和谐的世界，因为如果世界缺乏稳定，那么，它就缺乏统一的管治。假如统一性处于完全的支配地位，这些多样性的东西将会保持在一个不变的全体之内。发生变更的东西拥有不同的组成部分和偏爱，而它们不承认统一性的支配地位；它们自作主张，把生活变成为一个争执与不和谐的场景。另一方面，由于终极和真正的存在是不变的，它就是全体、无所不包的一（Total, All-Comprehensive and One）。它既然是一，就只有和谐，因而享有完满的永恒的善，这就是完满（Perfection）。

　　知识和真理的各种不同程度是与实在的各种不同程度一一对应的。实在越高越完满，有关它的知识就越真实、越重要。拥有变化的、生生灭灭的世界既然在真正的存在上是有所缺失的，那么，它就不能在最完善的意义上得到认识了解。要认识它就意味着要忽略它的变化更替，揭示出那限制各种在时间中变化的过程的某种永恒形式。橡子要经历一系列的变化，而这些变化只有在关于橡树的固定形态（虽然各个橡树有别，但整个橡树种类在这个固定形态上是相同的）时才是可认知的。而且，这个形式对生长之流的两端都施加了限制，即橡树生出橡子，以及从橡子变成橡树。如果不能发现这样统一、限制的永恒形式，那么就只有毫无目的的变化起伏了，要想获得知识是不可能的。另一方面，当知识对象是在根本没有运动的情况下被接近时，知识就真的变成明确、确实而完美——纯粹无杂的真理了。天比地更能得到真正的认识，上帝这个不动的使动者又比天更能得到真正的了解。

从这个事实就得出了这样的结论:沉思的(contemplative)知识优越于实践的知识,纯理论的思辨优越于实验,也优越于任何依赖事物变化或引起事物变化的知识。纯粹认知就是纯粹的注视、观察和注意,它是自我完备的,它不寻找自身之外的任何东西,它无所缺失因此毫无目的或意图。它断然就是它自身存在的理由。的确,纯粹沉思的认知是宇宙中最真正自我封闭、自给自足的东西,故而它至高无上,可归因于上帝的唯一品质。它是这个存在等级中的最高存在。人自身很少能够达到这个纯粹自足的理论洞见,而一旦达到,他就是神圣的。

与这样的认知相比,所谓工匠的认知就低级了。他必须使事物、木头和石头发生变化,而这个事实本身就是材料缺失实在的证据。它难以做到只为自身而不关心其他,这个事实更能贬损他的知识。它与所得的结果,如衣、食、住等等都有关系;它关注会灭亡的东西、身体及其需要。这样,它就有一个外在的目的,而这个目的本身就证明了它的不完满性,因为每种需要、欲望、爱好都表示缺失。哪里有需要和欲望(如在所有的实践知识和行动的事例中),哪里就有不完满和不足。虽然公民或政治的和道德的知识比工匠的观念等级要高,但是,本质上来说,它们属于低级而不真实的一类。道德、政治的行动是实践的,也就是说,它包含着需要以及满足这些需要的努力。它有外在于自身的一个目的。此外,合作这个事实表明它缺乏自足性,表明它对其他事物的依赖性。纯粹的认知是唯一的,可以完全自足而独立地发生。

简言之,依照亚里士多德之说(他的观点已经略述过了),对知识的价值的测量是以知识中纯粹沉思的程度为准则的,最高的程度是在对终极的理想的存在(Ideal Being)、纯粹的心灵(Mind)的认知中达到的。这就是理性(Ideal),即诸形式的形式(Form),因为它没有缺失,没有需要,不经历变化或多样性。它没有欲望,因为它的一切愿望都得到了实现。既然它是完美的"存在",它就是完美的心智(Mind)、完美的福佑(Bliss)——理性和理想性的顶峰。再讲一点,就结束这个论述。自我关注于这个终极实在(也即终极理想)的那种认识,就是哲学。因此,哲学就是在纯粹的沉思中最后的和最高的一项。不管你对其他种类的知识怎么说,哲学就是自我封闭的。它与自己以外的任何事物毫不相关。它除了是哲学之外没有其他目的、意图或者功能,换言之,它是对终极实在的纯粹自足的审视。当然,还有哲学研究这回事,但它没有这种完美。哪里有学习,哪里就有变化和生成。但是,如柏拉图所说,对哲学的研究和学习的功能在于使灵魂的眼光不要自满地专注于事物的表象和有生有灭的低级现实,而指引灵魂达到对崇高而永恒的存在的直观。于是,认知者的心灵被转化,变得与其所知的事物同一了。

这些观念通过多种途径,尤其是新柏拉图学派和圣奥古斯丁,进入基督教神学;而伟大的经院思想家也教导我们说,人的目的在于认识真在(True Being),知识是沉思的,真在是纯粹非物质的精神(Immaterial Mind)，认识它就是福佑，就得救赎(Salvation)。这种知识在生活中不能获得，没有超自然力量的帮助也不能获得；而一旦获得了它，它就会使人的心灵与神圣的本质合为一体，从而实现救赎。通过这个以知识为沉思的观念移植到在欧洲占据统治地位的宗教之中，许多与理论哲学毫不相干的人受到了影响。知识本质上只是对实在的一个把握或观察，这个观念——知识的旁观者的观念——便作为一个不成问题的公理，一代代地传到后来的思想家中去了。这个观念如此根深蒂固，以致在科学的实际进步已经证明知识是改造世界的力量，在有效的知识的应用已经采纳实验法之后，它仍然盛行了几个世纪。

让我们从这个关于真正知识的标准和真哲学的本质的观念径直转到现存的求知实践之中吧。现在，如果一个人（例如一位物理学家或化学家）想要认知一件东西，他决不能只在那里沉思。无论他如何热心，如何有耐心，总不能凭着他对那件东西的观看，就认为他可以发现它确定的特征形式吧。他不能指望这样孤立的审查就可以揭示出什么秘密。他要去做点什么，给那东西加一点能量，看它如何反应；他把这个东西放在不寻常的条件下，以引起某种变化。天文学家即使不能改变遥远的星辰，也不再仅仅是凝视它们。即使他不能改变那些星星本身，但至少能够用透镜和棱镜改变它们照射到地面的光线；他能设计各种窍门来窥探出没有这些窍门就注意不到的各种变化。对于变化,他不会采取敌视的态度,以为星星有神性是完全无缺的便否定变化;相反,他常常警惕地观察,留意着要找出某种变化来,通过它形成一个关于恒星的形成和各种恒星系统的推论。

总之,变化已不再被看作是美德的衰落,不再被认为是实在的缺损或存在的不完美表现。现代科学已不再像从前那样要在各种变化过程的背后找出某种固定的形式或要素。相反,实验的方法企图打破那些表面的固固定性而引起变化。对于感官保持不变的形式,例如种子或树的形式,不被看作是有关事物知识的关键,而被看作是一面墙壁、一个要破除的障碍。因此,科学家实验以这种或那种作用配置在这种或那种条件下,直到有变化发生,直到如我们讲的,某物起了作用。科学家假设变化一直在进行着,表面看起来是静止的每一个事物内部都有运动;由于变化进程不能被感觉所揭示,了解它的唯一方法就是把那个事物移到不同的新环境中去,直到变化显而易见。简言之,要被接受、被注意的事物并不是原来被给予的那个事物,而是那放在许多不同的环境中看它如何表现后才产生出来的东西。

现在,这件事情标志着人类的态度发生了一个比初看起来普遍得多的变化。它至少表明,在某一给定时间内呈现出来的世界或其任何部分,只是作为变化的材料被接受或得到承认的。它被接受,恰如木匠发现材料时接受它们一样。如果他仅仅由于它们本身之故而观察和注意它们,那么,他永远也不会成为一个木匠。他只会观察、描绘、记录那些东西向他呈现出的形式和变化而已,它们是怎样就让它们怎样。如果碰巧发生了某些变化,向他呈现出一所房舍,那当然更好,不过也就如此而已。但是,使木匠成为建造者在于这个事实:他察看那些东西,不只是就东西本身,而是着眼于要对它们做些什么,用它们来做些什么;着眼于他心中的目标。这个木材是否适合用来促成他所希望看到的某种特别变化,就是他在观察木材、石块和铁料时所考虑的事情。他的注意力被导向它们自身发生的变化,以及它们使别的东西发生的种种变化,以便他可以选择那些变化的组合,从而达到他所期望的结果。只有靠这些为实现其目的而对事物进行积极操作的过程,他才能发现事物的性质是什么。如果他超前于自己的目的,以谦虚恭顺的名义接受事物的"真相",而拒绝以事物对于其意图所呈现出的样子来驾驭它们,他不但不能达到目的,也决不能认识到那些事物本身是什么。事物是它们所能做的,以及能用它们来做的——即通过深思熟虑的尝试能够发现的东西。

存在正确的认知方法,这个观念的出现表明人类对于自然世界的态度的一种深刻变化。在不同的社会条件下,旧的或传统的观念有时培育出顺从和屈服,有时产生轻蔑和逃避的意愿;有时,尤其是在古希腊人的例子中,对于给定对象的一切特质的敏锐注视中显示出强烈审美的好奇心。实际上,把知识看作是观察和注意的整个观念,在环境优美、生活恬静的地方,基本上是一种与美的享乐和鉴赏相关的思想;而在生活困顿、自然条件艰难的地方,则基本上是一种与美的厌弃和不屑相关的思想。但是,当主动的知识观念占据主要地位的时候,当人们认为环境必须加以改变才能真正认识它的时候,人们就满怀着勇气而对自然采取攻势的姿态了,后者就变成可以任意塑造、供人使用的东西。对于变化的道德态度,也被深刻地改变了。这不会引起哀婉,不再为忧郁所困扰,而只暗示着衰败和失落。对于各种新的可能性和想要达到的目的来说,变化变得重要起来了,它成为预示一个更好未来的先知者。变化与进步相关而非与退步和没落相关。变化既然无论如何都要发生,重要的事情就是充分地了解它们,以便能够掌握它们,将它们转变到我们所期望的方向上去。对于条件和事件,我们既不可逃避,也不应该消极地忍受默认,而要把它们利用和引导起来。它们或者是我们到达目的地的障碍,或者是我们实现目的的手段。在某种深刻的意义上说,认知已不再是沉思的,而成为实践的了。

不幸的是,人们——受过教育的人,特别是有教养的人——由于仍然受到那个冷漠而自负的理性知识的陈旧观念的强烈支配,拒绝察悉这个新学说的意义。他们自以为维系理智主义的传统哲学(这种哲学把知识看作是自足的和自我封闭的东西),就是在支持那公平、彻底而无私的反思的事业。而真实的情况是:历史上的理智主义——知识的旁观者的观念——

是一个纯粹补偿性的教条,这个教条是偏重知识的人们构造出来,借以自慰,并弥补他们所从事的思想职业在实际上和社会上的无能。由于受到各种条件的约束,而且勇气不足,他们不能把自己的知识转变成决定事件进程的一个因素,于是他们就在这样的观点中找到一个称心如意的庇护所:知识是高贵的,不能受到污染,不能与变化的和实用的事物接触。这样,他们就把知识转变成一种道德上不负责任的唯美主义。知识或理智的性质是操作的或实践的,这个观点的真正意义是客观的。它意味着,科学和哲学针对日常经验中各种具体的事物和事件而建立起来的一些结构和对象,并不是要建立一个与这些事物相分离的王国,让理性的沉思可以在那里安然地休息;它还意味着,这些结构和对象是代表那些挑选的障碍、物质手段和理想方法,它们给我们指明了无论如何都注定要发生的那个变化的方向。

  人类对世界的态度变化,并不意味着人类已不再拥有理想,或不再是富有想象的动物。但是,它确实表明了人类为自己而塑造出的理想领地在性质和功能上的根本变化。在传统哲学里,理想的世界基本上是人类躲避生活中的暴风雨而寻求的一个安宁的天堂。它是人类逃避生存困苦的一个庇护所,人们相信只有它才是最高的真实。当知识是积极的、实用的这个信念深入人心时,理想王国就不再是某种孤零而分离的东西了;相反,它变成能想象到的各种可能性的集合,刺激人们进行新的努力和追求。人们遭受到的麻烦成为引导人们为事物描绘更美好图景的动力,这仍然是真的。但是,描绘一幅更好的美景的目的是让它可以成为行动的工具,而不像在古代观念里,理念是属于一个本体世界里的现成的东西。因此,古代主张的理念不过是个人所向往或自慰的一个对象;而在现代,一个观念乃是应该做的事情或行动方法的暗示。

仅举一例,即可清楚地说明这种差别。距离是一种障碍、一种麻烦。它分隔朋友,阻碍交往;它孤立人们并加大他们的接触和互相了解的难度。这种事态状况引起不满和不安;它激发人们的想象,从而构造种种不为空间所妨碍的人际交往的美景。现在有两条出路,其中一条是求助于某种天国的梦幻,在这个天国里,距离被消除,而且通过某种魔术,所有的朋友都可以永远透明地进行交流,我是说,把这种空中楼阁转移到哲学的反思中。于是,空间、距离就是纯粹现象的了,或者以更现代的视角看,是主观的。在形而上学意义上说,它不是真的。因此,空间距离造成的障碍和麻烦,在现实的形而上学意义上,也终究不是"真实的"。纯粹的心灵、纯粹的精神,都不会进住在一个空间的世界里;对它们来说,无所谓空间。它们在真实世界里的各种关系,丝毫不会受到一些特别顾虑的影响。它们之间的相互交流,是直接、流畅而没有障碍的。

这个例证岂不涉及我们所熟知的所谓哲学化方法的一幅漫画吗?然而,如果它不是一个荒谬的讽刺,岂不是在暗示关于理想的、本体的或超越真实的世界吗？各种哲学所传授的许多东西，归根结底，只是在利用看似真实的科学术语，将一个梦想塑造成一个精致的辩证形式。实际上，困难、麻烦依然存在。实际上，无论空间可以如何"形而上学地"存在，它还是真实的——它以某种讨厌的方式起着作用。人又一次梦想着事情发展为更好的一种状况。他从令人烦恼的事实中逃避到幻想里去。但这一次，这个避难所已不再是永恒的和遥远的庇护地了。

这种观点成为一个我们基于它审查现在发生的事情的立足点，而且通过它，我们可以看看，在这些事情中，是否有能暗示如何实现远距离交流的某种东西，或者可以利用来作为一种远程对话的媒介的某种东西。虽然这种暗示或幻想仍是理想的，但它已被当作一种在具体的自然世界中可以得到实现的可能性，而不是脱离那个世界的一个高高在上的实在。同样地，它成为一个我们凭借来审视自然事件的平台。从这种可能性的观点出发来观察，事物便暴露出还未被发现的一些性质。根据这些发现，关于长途通话的某种中介的观念就变得更清晰和明确了：它采取了积极的形式。这个动作与反应继续着。这种可能性或观点被当作一种观察实际存在的方法而得到运用；而根据已发现的东西，可能性以具体的存在形式呈现出来。它已不再仅仅是一种观念、一个空想、一种所期待的可能性，而更多的是一个客观事实。随着发明的接踵而来，最后，我们有了电报、电话,开始是有线的,后来就不用人造媒介了。具体环境朝着所期望的方向转变,这不只是幻想被理想化,而且已经成为现实。这个理想是通过它自己作为一种对具体的自然作用的观察、实验、淘汰和结合的工具或方法的用途而得到实现的。让我们暂停下来,估计一下那些结果。将世界划分为两种存在,一种是高级的,只有理性可以接近,而且本质上是理想的;另一种是低级的、物质的、可变的、经验的,感官观察可以接近的。这种划分不可避免地要转到知识在本性上是沉思的那个观念上。它假定了理论与实践之间的一个对立,而这个对立完全不利于后者。但是,在科学发展的实际进程中却发生了一个惊人的变化。当知识的实践已不再是辩证的而变成实验性的时候,认知的作用偏重于变化,而对知识的检验则变成为引起某些变化的能力。对于实验科学来说,认知意味着由某种理智指导的做的行为,它已不再是沉思的,而在真正意义上变成实践的了。现在,这意味着哲学除非要与权威的科学精神完全决裂,否则就必须改变它的本质。它必须呈现出实践的性质,必须成为有效的和依据实验的。而且,我们已经指出,这个哲学的转变对两个在哲学发展过程中承担过巨大角色的概念——"实在"和"理想"——分别引起了巨大的变化。前者不再是某种现成的、终结的东西,它变成必须被认为是变化的材料,或者作为所期望的某种特殊变化的障碍抑或方法的东西。理想的和理性的东西也不再被当作杠杆来改变。现实的经验世界的一个与之分离的现成世界,也不再只是逃避经验缺陷的一个庇护所。它们代表着理智地思考出来的、关于现存世界的种种可能性,它们是可以用来改造、改善世界的一些方法。

从哲学上说,这是知识和哲学从沉思型到行动型的变化过程中的一个巨大差别。这个变化并不意味哲学的尊严从崇高的层次降低到鄙俗的功利主义。它表明,哲学的首要功能在于将经验,尤其是集体的人类经验的各种可能性加以理性化。我们可以根据距离它多远来了解这个变化的范围。尽管有一些发明帮助人们利用自然的能量达到其目的,但我们还远远没有习惯于将知识当作积极控制自然和经验的方法。我们倾向于用一种看一幅完成的图像的旁观者的样子来思考它,而不是用艺术家进行绘画的样子。于是,认识论的所有问题就出现了,这些问题是专业的哲学学者所熟悉的,它们尤其使得现代哲学如此远离对普通人的理解,远离科学的各种结果和进程。因为所有这些问题都是起源于这样的假定:一边是静观的精神,另一边是一个被观察和注意的陌生而遥远的对象。他们询问,一个如此分离和彼此独立的精神和世界、主体和客体如何可能形成彼此之间的关系,以致使真正的知识成为可能呢?如果认知被习惯地认作积极的、行动的,在假说指导的实验或关于某种可能性的想象指导的发明的类推之后,那么第一个效果会是将哲学从现在困扰它的所有认识论疑难中解救出来。因为所有这些疑难都是从认知过程中有关精神与世界、主观与客观的关系的一个观念而来,在这个认识过程中,那个观念假定认识就是掌握已经存在的东西。

近代哲学思想①如此全力关注这些认识论的疑难问题,以及实在论者与唯心论者之间、现象论者(phenomenalist)与绝对论者(absolutist)之间的争论,使许多学者对此困惑不解:如果除去区分本体世界与现象世界的形而上学任务,以及解答一个分离主体何以能够认识一个独立的客体的认识论任务,哲学还剩下什么?但是,消除这些传统的问题,难道就不能让哲学专心于其他更有成效、更紧要的任务吗?它难道不能鼓励哲学去面对人类所遭受的、巨大的道德和社会的缺陷与困惑,鼓励哲学集中精力去澄清这些不幸的缘由和确切本质,并澄清一个更好的可能的社会的观念吗?简言之,除了那些问题,它就不能策划一个观念或理想,不是用以表示另一个世界或一个遥不可及无法实现的目标,而是用以作为理解和矫正特定社会弊端的方法吗?

这是一个含糊的说法。但首先要注意到,脱离了空虚的形而上学和无用的认识论并具有如此正当领域的一个哲学观念,与第一讲里概述过的哲学起源是一致的。其次,要注意到当代社会、整个世界是多么需要比现在所拥有的更加普遍和基础的启蒙和引导。我要说,对知识的观念从沉思而变成为能动的这

---

① 原文是 modern,根据内容可判断为近代认识论哲学。——译者

样一个剧烈变化,是现在进行探究和发明的方法的必然结果。但是,主张这个就必定要承认或者确定,这个变化大部分不过影响人类生活的技术方面。科学创造了新的工业技术。人对于自然能量的物理性支配被无限地放大了,人们控制了物质的财富和繁荣的资源。那些曾经被认为是不可思议的奇迹的事物,现在天天由蒸汽、煤炭、电力、空气,以及人去完成了。然而,很少有人敢于乐观地宣称,对于社会的和道德的幸福已取得相似的控制力。

与我们的经济成就相适应的道德进步在哪里呢?前者是物理科学中的革命的直接结果,但与之相应的人文科学和技艺又在哪里呢?不但认知方法的改进迄今仍只限于技术和经济的事件,而且这个进步带来了新的、严重的道德困扰。关于这个,我只需举出最近的战争、劳资问题、经济阶级的关系,还有新科学虽然在医学(包括外科)中创造了奇迹,但也产生了疾病和衰弱,并使它们蔓延开来。这些需要考虑的事情向我们指出,我们的政治是多么不发达,我们的教育是多么原始和拙劣,我们的道德又是多么被动而迟钝。哲学的发生是由企图找一个明智的可代替盲目的习俗和冲动之观念,作为生活与行为的指导:这些产生哲学的原因依然存在,但这个企图还未取得成功。把哲学从无用的形而上学和认识论的重负中解脱出来,而不是使哲学丧失各种问题和题材,难道我们没有理由相信,这将开辟一条通往解决最困难、最重要的问题的途径吗?

让我详细说明此讲演所直接指向的一个难题。前面已经指出,对沉思的观念真正富有成效的运用不是在科学领域中,而是在审美领域中。除了那些对世界的形式和运动有好奇心和动情的兴趣,而且不考虑它有什么效用,艺术的任何高度发展都是难以想象的。而且,如下的这种说法并不过分,即每个在审美上已经达到高水平的民族,譬如希腊人、印度人和中世纪的基督徒,都拥有高度活跃的沉思心态。另一方面,如上所指出,在科学的进步中实际地自我证明了的科学态度,是一种实践的态度。这种态度把形式看成是被隐藏的过程的伪装,它对于变化的兴趣在于它会导致什么,它能够做些什么,它可以有什么用处。尽管这种态度已经把自然置于控制之下,但它对自然的态度有点生硬和莽撞,这不适于我们对世界之审美的欣赏。的确,有关实践科学的态度与沉思的审美鉴赏的态度能否调和的可能性以及调和的方法,这对于我们来说,是最重要的问题。如果没有前者,人将成为既不能利用又不能控制的自然力量的玩物和牺牲品;而没有后者,人类或许会变成一种经济怪物,不停地在人与自然之间以及人与人之间讨价还价,因闲暇而无聊,只知道将它用于卖弄的炫耀和过度的奢靡。

与其他道德问题一样,这个问题是社会的问题,甚至是政治的问题。西方人走上实验科学并将其应用于自然控制的道路,要比东方人早。我想,我们也可以说,后者在他们的生活习惯里更多地体现了沉思的、审美的和思辨的宗教气质,而西方人则更多一些科学的、工业的和实践的气质。这个差别以及围绕它而产生的其他差别,对彼此之间的相互理解来说是一个障碍,也是产生误解的一个源头。哲学致力于在它们的关系和适当均衡中领会这两种不同的态度,它肯定能够成功地提升人们在彼此的经验中相互受益的能力,并更有效地相互合作,共同致力于富有成效的文化的任务。

的确,把"现实"和"理想"之间的关系看作是专属于哲学的问题,是令人难以置信的。这个在所有人类事务中最严重的问题已被哲学所把持,这一事实仅仅再一次证明了,以知识和智慧为某种自足的东西的见解会带来灾难。"现实"和"理想"从来没有像现在这样如此嚣张,如此独断。在世界历史之中,它们也从来没有疏隔到像现在这样如此之远。(第一次)世界大战是为纯粹理想的目的——人道、正义和强弱者之间同等的自由——而进行的。并且,它是以应用科学的现实手段进行的,烈性炸药、轰炸机的使用几乎把整个世界夷为平地,以致有心人忧虑我们所谓文明的宝贵价值能否得以保存。和平解决问题的主张在以激起人类最深切情感的种种理想的名义下得到大力宣扬,但这一方式同样强调以极端的现实主义态度关注按照物质力量的比例来分配经济利益,这在未来可能会造成纷争。

并不奇怪,有些人竟至以为所有唯心主义不过是掩护人们更有效地追求物质利益的一个烟幕,因而转向对历史进行唯物主义的解释。于是，"现实"就被看作是物质的力量，被看作是对权力、利益和享乐的感觉；而政治的本质就是巧妙的宣传和对没有受到现实启蒙的人们加以控制，此外都是假象。但是，同样地，也有人相信，战争对于我们来说，真正的教训是：当人类开始培植自然科学①并运用科学的结果去改进生活工具（即工业和商业）时，就走错了第一大步。他们将要叹息，希望旧时代的归来——在那个时代，大众像野兽般地生生死死，唯有少数精英分子投身于"理想的"事物，即精神的东西，而对科学及生活的物质的优雅与舒适却不加关注。

然而，最明显的结论似乎是：任何一种这样的理想都是无能而有害的。它泛泛地以抽象的概念来宣扬，就是说，它脱离了具体的细节存在，它忘记了正是这些具体的细节存在的活动可能性，才是理想自身所要表现的。真正的道德似乎就在于强化一个相信自我独存的精神世界的理想主义的悲剧，以及坚持对于力量与效果的最现实研究的悲剧需要，而这个研究是以比自称的"现实政策"（Real-politik）更具科学精确性、更完善的一种方式进行的。因为采取短视的观点，为当下的压力而牺牲将来，忽视不如意的事实和力量而夸大任何与当下欲求相称的东西的持久性，都不是真正现实主义的或科学的。说境况的不幸源于没有理想，这是错误的；事实上，这些不幸是由于错误的理

---

① physical science 译为自然科学而不是物理科学。——译者

想而发生的。而这些错误的理想又是由于：在社会事件上，我们缺乏对"真实的"操作条件进行有组织的，系统、公平、批判性的研究。我们将这种研究称为科学，它在技术领域里曾引导人们去支配各种自然能量。

让我们再说一遍，哲学不能"解决"理想和现实之间的关系问题；因为那是人生的永恒问题。但是，通过把人类从哲学自身所造成的种种错误（譬如，脱离转变成某种新的不同东西的运动的真实条件的存在，以及独立于各种物质的、自然的可能性之外的理想、精神和理性的存在）中解脱出来，它至少能够减轻人类在处理这个问题时的重负。这是因为，只要人类致力于这个极端错误而虚妄的偏见，他就总是瞎着眼睛、捆着手脚地向前走。而哲学只要愿意，就可以完成比这种消极的工作更多的事情。通过展示富有同情且健全的智慧——对于具体的社会事件和力量的观察和理解——能够形成既不是错觉也不仅仅是纯感情补偿的各种理想，它能够使人类在行动上走上正确的道路。

第六章 逻辑改造的意义

逻辑——像哲学本身一样——也遭受到奇怪的震荡。它曾被抬高到最高的、立法科学的地位,但它所拥有的财产不过就是"A 是 A"这样的命题,以及关于三段论法则的学术韵文。它声称能够描述宇宙的最终结构,因为它要研究的思维法则,正是理性据以形成世界的法则。然后,它又将其主张限定为去探求正确推理的法则,这些法则的正确性与事实无关,也不会导致实践事务上的错误。近代客观唯心论者认为,它适合代替古代本体论形而上学,但也有人把它看作是修辞学的一个分支,教人精通辩术。有一段时间,中世纪从亚里士多德那里继承来的形式逻辑得到了密尔(Mill)从科学实践中总结出来的发现真理的归纳逻辑的弥补,从而出现了一个相互妥协的表面均衡。德国哲学、数学和心理学的研究者,虽然曾经互相激烈地攻击,但在对正统逻辑学的演绎证明和归纳发现的攻击上却是一致的。

逻辑学的舞台上还很混乱。它的主题、范围或目的几乎都不一致。这个不一致并不是形式上或名义上的,它影响对一切问题的处理。就拿判断的性质这样一个基本问题来说,我们可以通过引用令人尊敬的权威而列出各种可能的学说。判断处于逻辑学的核心,但判断完全不是逻辑的事情,而是个人和心理上的事情。如果它是逻辑的,它的作用就是首要的,概念和推论从属于它;而它其实是概念和推论的结果。主词和谓词的区分是必要的,但这与判断的性质问题又完全不相关,又或这个区别虽有例可考,但没有什么重大的意义。在那些主张主谓关系是基本关系的人中,有的认为,判断是对还没有主谓词之前的某种事物的分析;而另一些则认定,它是把主谓合成为另一事物的一个综合。一些人认为,实在总是判断的主词;而另一些则认为,"实在"是与逻辑无关的。在那些否认判断是谓词对主词的描述而认为它是元素之间关系的人们中间,有些人认为这个关系是"内在的",也有人说它是"外在的",还有人说它有时是内在的、有时是外在的。

如果逻辑与实践上的考虑不相干,那么,即使这些矛盾很多、很广泛、很难调解,我们也可以一笑了之。如果逻辑是一件有关实践效果的事务,那么,这些矛盾就严重了。它们表明,理智上的不调和与不连贯有某种深奥的原因。事实上,当代的逻辑理论的确是一切哲学分歧和争论所会聚和集中的地方。在经验与理性、现实与理想关系的传统观念上所起的变化,是如何影响逻辑学的呢?

首先,它影响到逻辑学本身的性质。如果思想或理智是刻意改造经验的手段,那么,逻辑学作为对思考进程的描述,就不单纯是形式上的。它并不是不关心所述内容的真伪,而仅仅局限于探求形式上正确的推理法则;在另一方面,它既不像黑格尔的逻辑学那样,关注于宇宙的内在思维结构,也不像洛采(Lotze)、鲍桑奎(Bosanquet)和其他认识论的逻辑学家那样,关注人类思想对于这个客观思维结构的持续探究。如果思考是确保谨慎重组经验的一种方式,那么,逻辑学就是对思考进程一个清晰而系统化的规范,从而使所想要的对经验的重组可以更经济更有效地进行。用学者所熟悉的语言来说,逻辑既是科学,也是艺术。鉴于它对思维的实际过程所作的有组织的和能被检验的描述,它是科学;鉴于它在这个描述的基础上制定了一些方法,使将来的思想可用以趋向成功的操作而避免会导致失败的操作,它是技艺。

这样,逻辑学究竟是经验的还是规范的、是心理的还是调节的争论,就得到了回答:它两方面都是。逻辑学是以明确生动的经验材料为基础的。人类已经思考了无数年代。他们进行了各式各样的观察、推理和论证,得到了各种各样的结果。人类学——即对神话、传说和祭祀的起源的研究,语言学和语法学,修辞学和形式逻辑学都告诉我们,人们曾经怎样思考,以及不同种类思考的目的和结果为何。心理学,不管是实验心理学或是病理心理学,都为我们了解思考怎样进行以及思考得到什么结果作出了重要的贡献。尤其是对各种科学发展的记录,能够为具体的探究和实验提供指导,那些具体的探究和实验有时候使人误入歧途,有时候又被证明为是有效的。从数学到历史,每门科学在其自身的独特领域中都展现了具有典型意义的错误方法或者有效方法。这样的话,逻辑学就获得了一个广大的几乎不能穷尽的经验研究领域。

传统的说法是,经验只告诉我们人类曾经怎样思考和现在怎样思考,而逻辑学则关注于规范,研究人应该怎样思考,这个说法是愚蠢可笑的。有些思考的方式已由经验证明是没有进展的,或者更加糟糕——它陷入了成体系的虚妄和谬误之中。而其他思考方式在经验中,显然已经被证明它们会持续富有成效地带来新的发现。正是在经验中,各种研究和推论方法的效果得到了令人信服的展示。人们鹦鹉学舌般地重复在经验的描述"是什么"与规范的说明"应该是什么"之间的区别,但唯独忽略了作为经验的思考(也就是,它对成功和失败事例的公然展示)所具有的最重要的事实——即好的思考和坏的思考之间的区别。凡是考虑到这个显明的经验事实的人,都不会抱怨在建构"规范性"的技艺(regulative art)时缺乏材料。对实际思考的经验记录所进行的研究愈多,失败思考和成功思考的特征之间的关联也就愈明显。通过经验来确证的这种因果联系,就产生了思维技艺的规范和法则。

数学常常被引用来作为依赖先验规定和超经验材料的纯粹规范思考的范例。但令人不解的是,从历史角度研究这个问题的学者何以能回避数学和冶金学都同样是经验性的这个结论。从计算和度量东西开始,正如从捣碎和熔化东西开始。常言道(通常很深刻),一事可以导致另一事。某些方法是成功的——不仅具有眼前的实践意义,而且能够生发兴趣,引起注意,主动寻求改进的尝试。现代的数理逻辑学家提出数学的结构,就好像这个结构是从具有纯逻辑构造的宙斯的脑袋里突然跳出来似的。然而,这个结构却是漫长历史发展的一个产物,在其中,人们曾进行了各种各样的试验,有些人朝这个方向走,有些人朝那个方向走;有些行动和操作导致了混乱,有些则成功地带来了秩序和富有成效的发展。这是一个在经验的成败基础上不断选择和改良材料和方法的历史。

所谓规范性的先验的数学结构,其实是长期艰苦的经历所获得的结果。冶金学家处理矿石的高度发达的方法,实际上与之没有什么不同。他也是对过去被认为成效最大的各种方法加以选择、提炼和组织。逻辑之所以对人类意义重大,正因为它是建立在经验的基础上并被实验性地运用着。这样看来,逻辑理论的问题,不外是在刻意改造经验的探究中发展和应用理智方法的可能性问题;再增加一句:这样的逻辑虽然在数学和物理科学范围内已发展起来,但在道德、政治的事件中仍待探究,这只不过在用更具体的形式重说了一遍用一般形式所说过的东西。

因此,假设这种逻辑观无异议,让我们进而讨论它的一些主要特征。首先,思想的起源对于将会成为指导经验的理智方法的逻辑学来说,会有很大的启发。先前已经说过,经验主要是关于行为、关于感觉运动的事情,与此相应的是,思想则发生于经验中引起混乱和麻烦的特定冲突。人们如果既无麻烦要处理,又无困难要克服,自然是不会思考的。一种安逸、不劳而获的生活是不会引起思虑的,是恣意的什么都可以的。思考着的人，其生活受到制约和限制，他不能通过其行动直接取得成功。当人们遇到困难的时候，如果遵照权威而行动，也就不会去思考。士兵有许多困难和束缚，但士兵（如亚里士多德所说）作为士兵所获名声，并不是因为他们是思想者。有长官替他们思想。在现代经济条件下，大多数的劳动者也是一样。只有在思考是迫切需要的或者是紧急的出路时，只有在思考能指示解决问题的途径时，即在困难时才能引起思考。凡是有外界权威统治的地方，人们就会怀疑是否有必要去思考，甚至厌烦思考。

然而，进行思考不是个人解决困难的唯一途径。正如我们已经看到的，梦想、幻想、基于感情的理想化过程都是用来逃避困难和矛盾的途径。根据现代心理学理论，许多系统的幻想及思想混乱，甚至歇斯底里症本身，可能都是起源于摆脱麻烦冲突的努力。这样的看法阐明了思考作为应对困难的一种方式所包含的一些特征。刚才所说的那些走捷径似的"解决方法"，并没有摆脱冲突和问题；它们只是摆脱了关于这些冲突和问题的感觉而已。它们遮盖了对问题的意识，因为冲突事实上依然存在，只是在思想上被回避了，于是出现了混乱。

故而，思考的第一个显著特点就是面对事实——对事实进行探究，进行精细而广泛地检查和观察。对成功推进思考（对反映和规定这个过程的逻辑也是一样）妨碍最大的，就是把观察看作是思考以外的和思考以前的事情，以及把思考看作可以不"包括"对新事实的观察为其一部分而能在头脑中进行下去

第六章　逻辑改造的意义　　111

的事情的那个习惯。凡是与这种"思考"接近的,都会带来刚才所说的那种逃避和自欺。它用一串合乎感情并在理性上前后一致的意义系列来代替对引起困扰的情境的探究。它将产生那种被称作理智梦游症的唯心论。它创造了一个"思想者"阶层,他们远离实践,也因此不会通过应用来验证他们的思想。他们是高高在上的,不需要负任何责任的。这种情况导致了理论和实践的不幸分离,它使一方对理论过于重视而使另一方对理论又过于轻视。它认为,当下的实践是粗俗的、死气沉沉的,因为它把思想和理论看作属于一个与当下实践分离的高贵领域。这样,唯心论者就和唯物论者竟然合谋将实际生活弄得贫乏而不公平了。

把思考与面向事实分割开来,这促进了那种只知堆积粗陋的事实,忙碌于细枝末节,而从不探究这些事实和细节的意义和后果的观察——这是一个安全的职业,因为它决不考虑如何运用观察的事实来作出计划去改变现状。与此不同的是,作为改造经验之方法的思考,则把对事实的观察看成是界定问题、找到麻烦之所在的不可缺少的步骤;看成是对困难是什么和困难在什么地方形成确切的而不是模糊的、情绪的认识所不可缺少的步骤。它不是无目的、随便的、杂乱无章的,而是有目标、有针对性的,并且与所遭困扰的性质是密切相关的。它的目的在于澄清那混乱的情境,以便提出应付它所应采取的方式。科学家有时好像在无目的地随意观察,但其实他是把问题作为探究的资源和指导,他是在努力寻找不轻易显现出来的问题,如我们所说,他是在自寻烦恼,因为他能在应付困难中获得满足。

所以,对具体事实所做的针对性的和广泛的观察,常常不仅与对某一问题或困难的感觉有关,而且与对那个困难之意义的某种模糊的感觉有关,也就是说,与那个困难在随后的经验中引入了什么或指示了什么相关。它是对未来的一个预期或预见。我们在真实地谈论"即将发生"的困难(impending trouble),当我们观察这个困难所具有的征状之时,同时就在期望着、预测着——就是说,在构造一个观念,在明晰意义。当那困难不仅是即将到来的而且是现实地摆在眼前的时候,我们就被压倒了。我们不再思考,陷入苦闷忧愁之中。能引起思考的那种困难,那种尚未完成的正在发展着的困难,我们可以从它那里发现征兆从而推断出可能发生的事情。当我们进行理智性的观察时,既是在理解,也是在忧虑。我们警醒地注意着即将发生的事情。好奇、探索和研究既指向已经发生的事情,也指向即将发生的事情。在理智上对于已发生事情所产生的兴趣,就是要去得到可以推断即将发生的事情的证据、迹象和征兆。观察就是诊断,而诊断则包含预期和预备。它使我们预先准备好一种态度,以免在遇到困难时措手不及。

还未存在的事物,只是被预想或有待推论的事物,是无法观察的。它没有事实,没有被给予的东西,没有数据,而只是一个意义、一个观念。但这里的观念不是幻想,不是由出于逃避和寻求安慰的情绪化的记忆而产生,而是由对一个正在发展的情境的考察而激起,是对即将发生的事情的预测。铁匠注视铁,观察铁的色泽和纹理结构,以寻求铁的变化征象。医师诊察他的病人,要寻找变化的确切方向。科学家关注他的实验材料,要掌握在某种情况下将要发生的事情线索。观察本身不是目的,而是要获得证据和征兆的一种探究,这个事实就表明伴随着观察的还有推论、预测——这就是说,还有观念、思想或概念。

在一个更专业的语境中,很值得去看看观察的事实和设定的观念或意义之间的这种逻辑上的一致,对于某些传统的哲学问题和疑难会有什么启示。一般地说,这些问题包括关于判断中的主词和谓词的问题、知识中的主观和客观的问题、"现实"和"理想"的问题。但此时,我们只能指出,在经验中观察的事实和设定的观念的起源和功能是相关的这个见解,对我们理解观念、意义、概念或其他特别用来指称精神作用的东西的本质有着重要启示。因为它们暗示了可能发生或终将发生的某个事情,它们是应对正在发生事情的宣言(正像我们通常所说的理想性的东西那样)。一个人发觉有汽车向他迅速逼近而感到不安全;他作出的观察—预测可能太迟了。但如果他的预期—感知来得及时,就会有所凭借去设法避免这个危险。因为他预知到了这个即将到来的结果,可以设法使事情朝其他方向发展。理智的思考意味着行动自由的扩大——从偶然和宿命中解脱出来。"思想"提示了某种应对方式,而这种应对方式与理智的观察,对于将来还无所推论时所采取的那种反应方式是不同的。

现在,试图取得某种结果的行动方法、反应模式——它使得铁匠能够在熔化的热铁上赋予形式,使得医生能够治疗患者促使其康复,使得科学实验者能够作出可以应用于其他情况下的结论——在还没有被这个方法模式的结果验证之前,从情境的本性上看还是试验的、不确定的。这个事实对于真理学说的重要性将在下面谈到,在这里,只要留心所有概念、学说、系统,不管它们怎样精致、首尾一致,都必须被视为假设,这就足够了。它们应该被看作能够检验它们的行动的基础,而不是终极之物。看到这个事实,也就意味着从世界上铲除了僵化的教条。它使我们认识到概念、学说和思想体系总是通过应用而发展的;它教导我们:必须既要注意到改变它们的迹象,也要抓住肯定它们的机会。它们是工具,和所有工具一样,其价值不在于它们本身,而在于在使用它们之后所产生的结果中所体现出来的功能。

尽管如此,只有在对知识的兴趣成熟了,思考过程本身具有了价值,即有审美上和道德上的趣味的时候,才有所谓自由的探究。正因为认知不是自我封闭和终极的,而是改造情境的工具,所以它总有维护某种预定目的和偏见的危险。这种情况下的反思就会是不完全的,会有所欠缺。因为它预定了必须得到某一特殊的结果，所以就不是真诚的。说一切认知都有一个在它自身以外的目的是一回事，说认知这个行为有一个预定好了的、必须达到的特殊目标是另一回事。说思考的工具性意味着它是为了让个人得到他所追求的片面的私利而存在，就更不对了。限定任何目的就是限制了思考过程。它表明思考还没有得到充分的发展，思考被束缚着、阻碍着，受到干涉。只有目的是在探究和验证的过程中被发展起来的那个情境中，认识才能全面展开。

这样看来，无私利、无偏见的探究绝不意味认识是自我封闭、不负责任的。它意味着，没有预先设定一个特殊目的拘束观察活动，以及观念的形成和应用中，探究得到了解放。它被鼓舞去关注关于认定问题或需要的种种事实，去追寻提供线索的种种暗示。阻碍自由探究的事物如此之多，如此之坚固，因此，探究行动自身是令人愉快而有吸引力的，能引起人的竞技本能。人类应该为之欢欣鼓舞。

当思想不再受社会习俗所确立的固定的目标限制的时候，劳动的社会分工就相应地成长起来了。研究成为一些人的终身职业。然而，这只在表面上证明理论和知识自身就是目的的观念。对于一些人，它们才是以本身为目的的，这是相对来说的。这些人代表着一种劳动的社会分工，而只有在这些人与其他社会职业通力合作，对他人的问题保持敏感并将对问题的解决传达给他们，以获得行动中更广泛的应用时，他们的专业化才可以信赖。当专门研究者的这个社会关系被遗忘而处于孤立地位的时候,探究也就失去了刺激和目标,将堕落成无用的专业,变成一些对社会漠不关心的人所做的一种仅在理智上忙碌的工作。琐碎的知识以科学的名义堆积起来,深奥的辩证论诸体系发展起来。于是,这一职业在为真理而真理的崇高名义下被"合理化"。但是,当真正科学的道路被重新获得时,这些东西就会被扫在一旁然后被遗忘,最终变成那些无能而又无责任感之人的玩物。无偏见、无私心探究的唯一保证,是研究者对于其所交往者的需要和问题保持一种社会性的敏感。

由于工具理论倾向于高度尊崇无偏见、无私心的探究,因而与一些批评家的印象相反,它非常重视演绎方法。因为说概念、定义、概括、分类和引申推论等的认知价值不是自足的,就说人们轻视演绎的作用或否认演绎的成效性和必要性,这是一种奇怪的看法。工具理论只不过想细心地指出它们的用处在哪里,以免人们误用。它认为,认知在界定问题的某个具体的观察上开始,在检验假设性的解决方案的某个具体观察上结束;但它又认为,最初的观察所暗示和最后的观察所验证出来的观念和意义本身需要被仔细地考究,有待长期的发展,因此对理论的否定要放到最后。说一个机车是一个媒介(agency),说它是经验中的需要和满足的中间媒介,并不看低机车在精细的构造上的价值,也没有忽视对用来改进其构造所用的辅助工具和方法的需要。反之,勿宁说,正因为机车在经验中是一个中间状态,既不是原初的,也不是终极的,因此对于其建设性的发展,我们无论怎样给予关注也不过分。

像数学那样的演绎科学,代表了对方法的完善。一种方法对研究它的人来说本身就是一种目的,这一点也不奇怪,正如制造每种工具都要有一种特殊的行业一样。发明和完善工具的人,与使用它的人经常是不一样的人。但是,物质的工具和知识的工具之间确实有一个明显的差别,后者的用途往往不是直接可见的。对完善方法本身所产生的艺术性的兴趣是强烈的——犹如文明时代的日用器皿,本身可以成为最精美的艺术作品。但是,从实践的角度来看,这个差别表明,理智工具作为工具有更大的优势。这是因为它在心灵中的形成不是为一种特殊的应用,因为它是一种高度普遍化的工具,所以,它可以更灵活地适用于各种不能预先知道的用途。它能用来处理从未预料到的问题。心灵对于各种理智的紧急需要在事前是有准备的,当新问题发生时,它无须等候到一个特殊工具准备好才去应对问题。

更确切地说,如果一个经验要应用于别的经验,抽象是必不可少的。每一具体的经验就其整体来说,都是独一无二的;它就是它自己,决不可再来一次。从它的彻底的具体性来看,它不提出什么教导,也不具有启示。所谓抽象,就是从中选出某一方面来,在其帮助下再掌握其他事物。就其自身而言,它是一块破坏了的碎片,是从中抽象出来的鲜活整体的一个贫乏的替代物。但是,从目的论或实践上看,它代表了一个经验能利用到其他经验去的唯一途径——能够确保得到某些启发的唯一途径。所谓错误的或坏的抽象论,是指这个被抽出来的碎片的功用被忘却和忽略了,而抽象本身却被尊为比它从中挣脱出来的那个浑浊而不规则的具体的东西高出一等。从功能上而不从构造上静态地看,抽象意味着从一种经验中释放出某种事物,以便移转到另一个经验中去。抽象即解放。理论色彩越浓,抽象性就越高。一种抽象,离在具体情境中所体验到的东西越远,则越适于处置以后可能发生的任何无限变化的事物。古代的数学和物理学比现代的数学和物理学,更接近于那粗糙的具体的经验;就是因为这个缘故,它们在对于那些在无法预料的新形式中出现的具体事物的洞察和控制上,无法给人们提供帮助。

　　抽象和概括常常被认为是近亲。可以说,它们是同一作用的否定性方面和肯定性方面。抽象是释放某种因素,从而使得它可以被使用。概括就是这个使用。概括保持着这个因素并且伸张开来。从某种意义上说,它是黑暗中的一个跳跃。它是一个冒险。我们在事前不能保证从一个具体事物中抽取出来的东西能有效地应用到另一个个别事情中去。那些个别的事情既然都是一个个的、具体的,它们必然各不相同。"飞"的特性从具体的鸟中产生出来。然后,这个抽象被推广到蝙蝠上去,由这个性质的适用,我们又会推想蝙蝠还有鸟的其他特性。

这个小小的例子指出了概括的本质,也说明了概括的风险。它将一个先前经验的结果转移、引申、应用到对一个新经验的接受和解释中去。演绎过程就是定义、限定、净化并安置一些观念,而通过这些观念不断丰富的和具有指导性的操作就可以进行;但是,无论演绎得怎样完美,都不能保证事情的结果。

在现代生活中,组织方法所具有的实用性价值明显地被加强了,以至于分类方法和系统化方法所具有的工具性意义似乎没有必要细述了。当质性的和固定的种的存在不被看作是知识的最高对象时,分类往往就被人们,尤其是被经验论学派,看作是单纯的语言技巧。拥有概括若干特殊事物的词语,对于记忆和交谈来说是方便的。各种类被假定为只存在于言语里面。随后,观念被认作是事物和词语之间一种不易描摹的第三者,类就成了在心灵中存在、纯精神的事物。经验论的批判性倾向,在这里可以看得很明显。只要类具有客观性,那就会鼓动对于永恒的种和玄妙的本质的信念,并加强已经衰落和臭名昭著的学问的威力——洛克有力地论证过这个观点。一般观念可以用来节省力气,它可以使我们将各种特殊经验浓缩为更简单、更便于携带的各种整体,使识别各种新的观察物更加容易。

这样的话,唯名论(nominalism)和概念论(conceptualism)——以为种类只存在于言语或观念里的那种理论——就是对的。它强调系统化方法和分类方法的目的论特点,认为它们是为了使达到目的的过程更加经济和有效而存在的。可是,由于经验上的主动性和行动的那方面被否认或忽视了,这个真理也就沦为谬误。具体的事物和其他事物的接触方式有多少,行动的方式就有多少。一个东西在某些别的东西面前是无感觉、无反应、无生气的;而在另一些东西面前则是警觉的、活跃的,具有攻击性的;在第三个场合,它顺服地接受。尽管这些各种不同的行动方式变化无限,但它们可以在对一个目的的共同关系上被归为一类。明智者不会每样事都去做,他有一些主要兴趣和主导目的,从而使他的行为前后一贯而又有效率。有一个目的,就意味着要去限制、选择、集中和组合。于是,这就提供了一个按照行动的方式与所追求的目标间的关系而选择组织事物的基础。樱桃树的归类,因木工、园艺家、技艺家、科学家和鉴赏家而相异。因所追求的目的不同,对树所采取的行动和反应会不同,这很重要。如果注意到目的各有不同,每种分类都是有其价值的。

然而,每一种分类有一个真实而客观的好坏标准。某一分类可以帮助木工达到目的,而另一分类则妨碍他。某一种分类可以帮助植物学者富有成效地进行研究工作,而另一种分类则耽误并扰乱他。所以,关于分类的这个目的论学说,并不意味我们要接受"类是纯言语的或纯精神的"这个观念。在任何技艺中,包括探究技艺在内,所谓组织都只不过是名义上的或精神上的,这与百货店或铁道系统里的组织没有什么不同。处理事物的需要,提供了客观的标准,事物必须被挑选整理起来,从而使它们的组合可以促进行动目的的成功。便利、经济和效率是分类的基础,但这些东西既不局限在与别人的言语交流上,也不局限在内心的意识中;它们涉及客观的行动,它们必须在世界上产生结果。

同时,分类也不是对存在于自然界的完成了的格局之摹写和复制,它是用于进攻未来和未知事物的兵器库。为了成功,过去的知识细节必须由单纯事实还原到意义上去,意义越少越简单,外延就越广越好。它们的范围必须足够广阔,可用来探究任何没有预料到的现象。它们必须被安排好而不至于重叠,否则的话,当它们被应用于新事件时,就会相互干扰而产生混乱。为了应对所遇到的大量的各种不同的自我呈现的事件时,行动可以顺利而高效,我们必须能够敏捷而准确地更换所用的攻击器具。换言之,我们的各种类和种必须按照从更广泛到更特殊的次序安排好。不仅要有街道,而街道的安排又必须便于互相通行。分类能把经验的荒野小道变成秩序井然的道路系统,从而增进探究行动的传播和交流。人们一旦开始预测未来并事先准备有效和顺利地应付未来的时候,逻辑演绎的作用和结果就会更加重要。各种实用的事业都会生产出产品,凡是能够减少材料的浪费和提高生产的经济和效率的方法都是宝贵的。

已经没有时间谈论由逻辑的实验性和功能性给出的对真理本质的理解了。不过,这也没什么遗憾,因为对它的理解可以从思考和观念的性质引申出来。如果理解了思考与观念，真理的概念自然可以领悟出来。如果不能理解，提出真理学说的任何努力都会引起混乱，而关于真理的这个理论本身也免不了武断和荒谬。如果观念、意义、概念、理论和体系对积极改造某一给定的环境和消除某种特殊的麻烦和混乱来说，是一种工具性的东西，那么，对它们的作用和价值的检验就在于这项工作的完成。如果它们成功地完成了这项工作，它们就是可靠的、健全的、有效的、好的和真的。如果它们不能澄清混乱、消除缺陷，反而增加了混乱、不确定性和罪恶，那么，它们就是错误的。要确信、证实、证明，就要看它的作用和效果。美在于美的行为。只有通过它们的结果，你才能知道它们。在真实地指导着我们的，就是真的——所谓真理，就是证明有这样的指导能力。副词"真正地"（truly）比形容词"真的"（true）或名词"真理"（truth）更为基础。一个副词表示一个行为的状态和模式。一个观念或概念是按照某种方式行动，以澄清某一特殊情境的一种要求、命令或计划。当那要求、主张或计划得到施行的时候，它就正确地或错误地在指导着我们，即它指引着我们走向目标或远离目标。它积极和能动地发挥作用的过程是最重要的东西，正确或错误则包含在它所引发的活动的性质里面。能起作用的假设，就是"真"的。所谓真理，是一个应用于各种实际的、预见的和期望的事情中的抽象名词，它要在其作用和后果中得到证实。

真理这个概念的价值,完全依赖于先前对思考所作说明的正确性,因此,考察这个关于真理的解释何以会受人厌弃,比仅就它自身去解释更为有用。它被人憎恶的理由,一部分,毫无疑问,在于它表达上的新奇和缺陷。例如,当真理被看作一种满足时,它常常被看作只是情绪的满足、私人的安适、纯个人需要的满足。但这里所谓的满足,却是对于观念以及行动的目的和方法由此产生的那个问题情境中的要求和条件的满足。它还包含公共的和客观的条件。它不为冲动的私人嗜好所左右。当真理又被定义为效用的时候,它常常被认为是对于纯个人目的的一种效用,或者是特殊的个人所心想的一种利益。把真理当作满足私人野心和权势欲的工具,这非常可恶。所以,批评家竟将这样一个概念归给健全的人们,是很奇怪的。事实上,所谓真理即效用,即真理是观念或理论宣称可以在经验改造中所作出的贡献和服务。一条道路的用途不能以它便利于山贼劫掠的程度来衡量,而是取决于它是否实实在在地尽了道路的功能,是否能够供方便有效的公众运输和交通之需。同样,一个观念或假设所能提供的服务,才是那个观念或假设是否为真理的标准。

抛开这种肤浅的误解,我认为,我们还能够发现,接受这种真理见解的主要障碍在于我们继承了那深入人心的古代传统。存在物(existence)分为两大界,上界是完美的实在,下界是外表的、现象的、不完全的实在;正是在此程度上,真理和谬误被设想为是事物本身固定的、现成的、静止的性质。至上的"实在"是真的，低级的不完全的"实在"是假的。后者自称有实在性，但不能被实体化。它是诈伪而欺瞒的，从来就不值得信赖和信仰。对它的信念之所以错误，不是因为它误导我们，不是因为它是错误的思想方法，而是因为它认同并坚持错误的存在或实体。别的概念之所以真，是因为它们确与真"实在"——圆满终极的"实在"——有关。这样一个概念深藏在曾经接受（尽管是间接地）古代和中世纪传统的每个人的头脑里。这个观念受到实用主义真理观的激烈挑战，调和或妥协是不可能的。我认为，这就是这个最新的理论引起攻击的原因。

然而，这个对比一方面表明了这个新理论的重要性，另一方面于无意中妨碍了对它的接受。那个陈旧的思想，实际上使真理等同于权威的教义。特别尊崇秩序的社会认为，生长是痛苦的，变化是烦扰的，因此不可避免地要寻求一个高级真理的固定物，以作为社会的基础。它向后看存在着的事物，寻找真理的源泉和保证；它又依赖于已往的、先前的、原始的、先天的事物，以求把握和信心。往前看，向意外事件看，观望后果，这种念头总是产生不安和恐惧，扰乱了那种与现成固定的"真理"观念相伴随的安稳感觉。它把探究、永不停止的观察、对假说审慎的发展和全面的试验等重担，放在我们身上。在自然事件中，人们已渐渐习惯在所有特殊的信念中认为真的等同于已证实的；但是，他们在认可这种等同的含义上犹豫不前，不敢从中引申出真理的定义,因为他们在名义上虽已承认定义应从具体的特殊的事件发生,而不应凭空构造或者强加在个别事物上,这是很正常的;但奇怪的是,人们不愿依照这个准则去给真理下定义。把"真的就是证实的,而不是别的"这个认识加以普遍化,就会促使人们放弃政治和道德教条,把他们最珍惜的偏见拿来接受事实后果的检验。这样一个变化,在社会上会引起权威地位和决策方法的巨大变革。在下面的演讲中将要讨论的,就是新逻辑的最初成果。

第七章　道德观念中的改造

一般而言,科学思维方法之改变对于道德观念的影响是显而易见的。善和目的增多了。规则松弛而变为原则,原则又被修改而成为思想的方法。伦理学理论起源于希腊人为生活寻找一套行为规范的尝试,他们认为,这些规范应该具有理性的基础和目的,而不单是从习俗而来。但是,代替了习俗的理性,必须提供像习俗一样稳定的规范。从那时候起,伦理理论异乎寻常地着迷于这样一个观念,即它的任务就是去发现某些最终的目的或善,或者某种终极的、至高无上的法则。这是各种不同学说中的共同点。有些人认为,规范的目的是出于对高级权力和权威的忠诚和顺服,但关于这个高级原则是什么,他们的见解却各不相同,有的以为是神的旨意,有的以为是世俗统治者的意志,有的以为是体现统治者意愿的制度安排,有的以为是出于对义务的理性认识。但是,他们之所以保留彼此分歧,是因为他们都承认这么一点:法则具有唯一的和最终的源头。然而,有些人说不可能从规则的制定中寻找道德,它必须在作为诸善的诸目的中寻找。于是,有的人在自我实现里,有的在神圣里,有的在幸福里,有的在快乐的最大总量里寻找这个善。但是,这些学派都有一个共同的假定,即有一个单一不变的终极的善。他们能彼此争论,只是因为他们有这样一个共同的前提。

但问题在于:要摆脱这个混乱和冲突,是否必须通过质疑这个共同因素而追究这个问题的根源呢?相信存在单一的终极之物——或者是善,或者是权威性的法则——的信念难道不是历史上已经消失的、那个封建组织的理智产物吗？它不也是那个在自然科学中已消失了的，认为在有限的、有秩序的宇宙里静高于动的那个信念的一个理智产物吗？当前理智改造的局限在于，它至今尚未认真地应用到道德和社会活动（social disciplines）中去，这一事实已反复提起过的。这一深入应用难道不就是要求我们进而相信变化、运动、个别化的善和目的的多样性，而且相信原理、标准、法则就是分析个别或特殊的情境的理智工具吗？

断定每种道德情境是独一无二的且有其不可替换的善，看起来不仅笨拙而且荒谬。因为过去的传统教导我们，正因为特殊事件的不规则，才有必要让行为由普遍的原理指导，并且道德品性的本质在于使每个特殊事件服从于一种固定原理裁决的意愿。由此可见，普遍的目的和法则隶属于具体的情境，这将会引起完全的混乱和无节制的放纵。但是，且让我们依照实用主义的原则，追问这个观念的后果去发现它的意义。那么，令人惊奇的是：具体情境的独特性以及它具有自足的善这个特点的首要意义，就在于它将道德的沉重负担转移给智慧。这个观念并不毁弃责任，而是确立责任。一个道德的情境就是在公开的行动之前，必须作出判断和选择的情境。这个情境的实际意义——就是说，需要为之作出的行动——不是自明的，而是要寻找出来的。有互相冲突的欲望，也有不能两全的善，需要人们去选择，所需要的是去找出行动正确的方向和正确的善。因此,这迫使人们进行探究:对情况的详细构成进行观察,对各种因素进行分析,对模糊的部分进行澄清,对一些持续而显著的特征进行怀疑,对各种行动方式的可能结果进行追踪,而且,在促成决定的那个预期或推想的后果与实际的后果相符合之前,把任何决定都看作是假设性的和尝试性的。这个探究就是理智。我们在道德上的失败,是由于某种性格的弱点,是由于同情心的缺失,是由于使我们对于具体事件作出轻率或不正当的判断的那种偏见。广泛的同情、敏锐的感觉,以及对于不愉快事情的忍耐,使我们能够进行理智分析而审慎地决定对诸利益的权衡,这些都是与众不同的道德特征——诸德性或种种美德。

更值得注意的是,这里的根本问题与在物理学研究中已得到解决的问题一样。在物理学研究中,长久以来,似乎只有在我们开始使用普遍的概念并将特殊的事件归于其下时,合理的确保和证明才能获得。那些开创了现在已经被到处采用的探究方法的人们,在当初都被(真诚地)斥责为真理的颠覆者和科学的敌人。如果说他们最后取得了胜利,那是因为如先前所指出的,对普遍概念的应用肯定了成见,包容了未经证实而流行的观念;而将最初的和最终的重点放在个别事件上,则能激发对事实艰难的探究和对原则的考察。最终,我们虽然不能获得永恒真理,但接近了日常事实。我们虽然失去了高级的、不变的定义和种属体系,但获得了对事实进行分类的、不断发展的假说和规则体系。毕竟,我们不过是要在道德的反思中采用那在对物理现象的判断中业已证明可靠、严密而丰富的逻辑罢了,而且理由也是一样的。旧的方法虽然在名义和审美上尊崇理性,但挫伤了理性,因为它阻碍了审慎而不懈的探究。

更确切地说,应当把道德生活中遵守规则或追求固定目标的负担,转换成对需要特殊治疗的疾病进行检查,以及设计处理它们的计划和方法,这个转变能够消除使道德学说相互争执且不能与实际需求保持密切接触的各种原因。认为存在一种固定不变的目的的理论,不可避免地会把思想引到无法解决的争论泥潭里去。如果有一个至善(summum bonum)、一个至高目的,那究竟是什么呢?要考察这个问题,我们就要将自己置身于那与两千年前一样激烈的争辩中。假如我们采取一种看上去更加经验的看法,说不存在一个单一目的,但也不如需要改善的特殊情境那样多,只是有许多像健康、财富、名望或声誉、友爱、审美鉴赏、学问等那样的自然诸善,以及像正义、节制、仁爱等那样的道德诸善。当这些目的互相冲突时(它们必定相互冲突),我们要靠什么东西或由哪一个人来判定哪条是正当的呢?我们是否因此就要求助于曾给整个伦理学事业带来坏名声的诡辩呢?或者我们将依靠边沁所谓"子曰"(*ipse dixit*)①式的论证方法:这个人或那个人任意地偏爱这个或那

---

① "*ipse dixit*",是拉丁文,相应的英文是"he himself said it"。其意思是:武断的言词,亲口所说。——译者

个目的？或是，我们必须把一切目的从最高的善到最无价值的善依次排列成序呢？我们又一次发现自己陷入不可调和的争论中而找不到出路。

  同时，需要借智慧来解决的特定道德困惑仍悬而未决。我们不能泛泛地寻求健康、富有、学问、公正或善良。行动总是特殊的、具体的、个别化的、独一无二的。因而对于所应做行为的判断，也同样是特殊的。说一个人追求健康或公正，只是说他希望能够生活得健康和公正。这些事和"真理"一样，都是副词性的。它们是特殊状况下行动的修饰词。对于如何生活得健康和公正，每个人是不同的，因各人过去的经验、机会、气质和后天的弱点与能力而各有差异。除了承受着特定的、身体上痛苦的人，一般来说，没有人志在生活得健康。因此，健康对于那个特殊人，就和别人的意义不同。健康的生活不是离开生活的其他方法而独自得到的。一个人要在他的生活中健康而不是脱离生活而健康；生活只是指他的事业和活动之总合。以健康为唯一目标的人将变成一个懦弱病夫，或一个狂热者，或一个体操演技者，或一个运动员。他如此偏于一面，以致为追求身体的发展反而会伤了内心。当他实现其所谓目的的努力不能与其他一切活动相调和并为其他活动增添色彩时，生活就将陷入分裂。某些行动和时间是专为健康的，有些是用作宗教的修炼，有些是用于讲求学问，有些是用来做一个好公民，或用来专攻美术等等，只有这样，才能合理地代替狂热主义者的想法——一切目的都是为了完成一个目的。目前这还不流行,但是,生活里不是有很多失望、虚耗及艰辛和逼狭的严酷境遇,是由于人们没有体会到每一情境自有其独一无二的目的而整个人的个性与之有关的结果吗?确实,一个人需要健康地活着,这一点影响到他生活的方方面面,使之无法成为一个独立的善。

然而,健康、疾病、公正、技艺等一般性概念之所以重要,并不是因为这个或那个事件可以归属于某个单一条目之下而把其特性排除掉;而是因为以普遍为对象的科学可以给医师、技师和公民这样的人提供他们应该问的问题,应该作的研究,使他们能够理解所见事物的意义。如果一个医生精于医道,他就会把自己所掌握的科学(无论怎样博大精深)用作工具和方法来诊察个体病症和拟定治疗方案。而如果他只是将每个个体的病症武断地归属于疾病的若干分类和治疗的若干常规之下,那么,无论他的学问多大,他所达到的不过是教条般的机械水平。他的思想和行为将变得呆板、武断,而不是自由和灵活。

道德的善和目的,只有在做某件事情的时候才存在。要做事这个事实,说明在目前的情况下是否存在缺陷和不幸?这个问题就是眼前这个特定的问题,它与其他情况下的问题绝不会完全一样。故而,我们必须以这个情境中要改善的缺陷和困难为基础来发现、谋划和获得这个情境中所独具的善。不能以理智思辨的方式,把善从外面注入这个情境中。比较各种不同的情境,总结人类所遭到的各种不幸,并把与这种不幸相应的诸善分门别类,这就是所谓的智慧。健康、富有、勤勉、节制、和蔼、礼貌、学问、审美能力、创造性、勇敢、耐心、进取心、周密,以及许多其他的一般性的目的,都是众所公认的善。然而,这个系统化努力的意义是理智的或分析的。分类暗示了在研究特定情境时所注意到的可能特性,也暗示了排除不幸所要尝试的行动方法。它们是智慧的工具,它们的价值在于促进特殊情况特殊对待。

道德不是行为的纲要目录,也不是规则的集合,它与随时备用的药方和食谱是不一样的。道德中需要的是用以探究和谋划的特殊方法:探究方法用来确定困难和不幸在何处,谋划方法用来制订计划以作为对付困难和不幸的前期假设。特定情境各有其无可替代的善和原则。情境逻辑上的实用意义在于,使理论学说从关注一般概念转到如何发展有效的探究方法上来。

且就伦理学的两个重要结果来评论一下。相信存在固定不变价值的那种信念把目的分为内在的和工具的,前者是本身真正具有价值的,后者是实现内在善的手段。的确,作出这个区别,往往被看作是智慧或道德辨别的开始。辩证地看,这个区别是有趣的,似乎没有什么害处。但如果将之付诸实践时,就会产生悲剧性的结果。在历史上,正是这种区别,带来并证实了理想的善与物质的善之间的严格区分。如今,那些思想自由的人认为，内在的善在本质上是审美的，而不单单是宗教的或静观的。然而，其结果是一样的。所谓内在的诸善，不管是宗教的还是审美的，都与日常生活的利益无关；但这些利益，因为其恒常性和紧迫性，却是人民大众关注的重点。亚里士多德利用这个区别，声称奴隶和工人虽为国家——公民社会——所需要，但却不是国家的构成因素。那只被看作是工具的东西必然是近乎苦差的，它不能在理智、技艺或道德上得到关注和尊重。无论什么东西，一旦被认为内在地欠缺价值，就没有价值了。所以，拥有"理想"兴趣的人，大多选择了忽视或者躲避的方式。"低下"目的对人的紧迫性和压力，一直被传统的礼仪规范所掩盖。或者说，它们一直被贬低到凡人层次，从而少数人就可以得到自由来关心那些具有真正的或者内在的价值的善。这种以"高尚"目的为名义的退却，把那些低等活动全权委托给了大多数人类，尤其是那些精力充沛的"实践中的"民众。

可能没有人能够想到，我们经济生活中令人厌恶的物质主义及其残酷性，原来在很大程度上是由于经济目的被当作只是工具性的后果。如果它们和其他目的一样被当作是内在的、终极的，那么，我们将会发现，它们是能够被理想化的；而且，生活的意义正在于它们要获得理想的和内在的价值。审美的、宗教的和其他"理想的"目的因为已经与"工具性的"或经济的目的分离，现在是微弱而贫乏了，或者是无用而奢侈了。只有与后者结合在一起，它们才能进入日常生活的结构，从而得到充实和普及。仅仅被当作终极的目的,却不能作为手段来丰富生活中的各个部分,这种目的的虚荣和不负责任应该是明显的。然而,现在有关"高尚"目的的学说对于那些孤立于社会之外、对社会缺乏责任心的学者、专家、美学家和宗教家,却能给予援助、慰藉和支持。这种目的保护着他们职业上的虚荣和无用,以免被别人和他自己所识破。这种职业上的道德缺陷反而变成赞美和庆贺的原因。

其他的一般变化,在于要求彻底废除道德善(如美德)和自然善(如健康、经济安全、技艺、科学等类似东西)之间的传统区别。下面讨论的观点痛恨这一生硬的区别并竭力取消它,这种观点并不是孤立无援的。有些学派甚至承认,美德以及德性之所以有价值,只是因为它们能够促进自然善。把实验逻辑的思路运用到道德中去,就是要按照各种性质对于现存弊端的改良有无贡献来判断其善与否。这样一来,它就发掘出自然科学中的道德意义。在对现今社会的弊端作全面的批判考察之后,人们就会怀疑,那根本性的困难是否并不在于自然科学和道德科学的分离?当物理学、化学、生物学、医学有助于发现具体的人类苦难何在,有助于发展救治计划,有助于改善人类状况的时候,它们就是道德的;它们就成为道德研究或科学机构的一部分。道德就会去掉其说教式的、迂腐的味道,即那种道德偏执的劝诱性的声调。它将不再是无力的、刻薄的和模糊的。它的力量将是明显的,而且其作用不限于道德科学。自然科学也不再脱离人，其本身变成为人本主义性质的了。追求它不是为了以技术的和特定的方法去得到所谓的真理，而是为了自身的社会意义和理智上的必要。它仅仅是在为社会和道德工程提供技术这一点上，才是技术性的。

当科学意识与人类价值的意识完全结合起来的时候，现在使人感到沉重的最大二元论，即物质的、机械的、科学的事物和道德的、理想的事物之间的分裂就被摧毁了。因为这个分裂而踌躇不决的人类力量就会团结起来，壮大起来。只要各种目的还没有被看作是满足于特定需要和机会的、某种个别化的东西时，心灵就会满足于抽象；而且，对于自然科学和历史资料的道德用途及社会用途，就会缺乏切实的感受。但是，当注意力集中在各种具体事物的时候，为了澄清特殊的事件，就要求助于理智性的材料。在道德集中于理智的同时，理智性的事物也就被道德化了。自然主义和人道主义之间令人苦恼而无聊的冲突也就终结了。

这些一般化的考察还可以更加丰富一些。首先，探究和发现在道德中所占的位置和它们在自然科学中的位置是一样的。评价和证明变成了实验性的和其后果有关的事情。"理性"这个一直被伦理学看作是尊贵无比的词语，现在却化身为各种方法；通过这些方法，我们可以仔细考察各种境遇中的需要和条件，以及阻碍之处和可利用之处，并规划各种改良的方案。高远而抽象的一般性概念被人们用来下结论，即"对自然进行预测"。因此,坏的结果则被看作是由自然的反常和不幸的命运所导致的。但如果将视线移到对特殊情境的分析中去,探究便是理所应当的,对结果的敏锐观察也是势在必行。如何行动既不能完全依赖于过去的经验,也不能完全依赖于陈旧的原则。在一特定的场合找到一个目的,所付出的辛劳再多,也不意味着下面就不要再努力了。相反,对采取的行动所产生的结果,我们必须仔细观察,在结果尚未证实目的正当性以前,目的只可作为一个正在起作用的假定。错误不再仅仅是无可躲避的、可悲的偶然遭遇,也不再是等待救赎和原谅的道德罪过。它提醒我们,不正当地应用了自己的理智;它告诉我们,将来如何更好地行动。它也指出,我们需要修正、发展和调整,目的是会生长的,判断的标准是会不断改进的。人有责任认真地运用他所拥有的准则和理想,同样,有责任发展更高的准则和理想。这样,道德生活就不至于陷于形式主义和古板的重复,而是灵活的、生动的和不断生长着的。

其次,每个需要道德行动的情境彼此之间都有道德上的同等的重要性和迫切性。如果一个特定情境中的需要和缺欠表明提高健康是其目的和善,那么,在这个情境中,健康就是最终的和至上的善。它不是其他事物的手段。它具有终极的和内在的价值。这在改善经济状态、谋生、生意经营和家政中是一样的——这些事务在过去是仰仗永恒的目的才有自身的存在,只具有第二义的、工具性的价值,因而一直被看作是劣等的和无关紧要的事务。任何在一个特定情境中是一个目的和善的东西，和任何其他情境中的善具有同等的价值、品位、尊严，因而值得我们给予同样的关注。

第三，我们应当注意到根除法利赛主义（Phariseeism）根基之后的后果。我们习惯于把这看作故意的伪善，因而忽略了它在认识上的前提。从眼前实在的情境中寻求行动的目的，这在不同的情况下会有不同的判断标准。当处于那情境中的人是有教养、有才学的时候，与愚钝而缺乏修养的人相比，他可以有更多更好的见解和行动。用判断文明人的道德标准来要求野蛮人，显然是荒谬的。无论评判个人还是团体，都不可用他们是否达到一个预定的结果为标准，而应根据他们的活动方向来评判。坏人就是正在堕落而渐渐变成不好的人，无论他原来怎么好。好人就是那些正在变得更好的人，无论他原来在道德上是多么不足取。这样的思路能够使人严于律己而宽以待人。它抛弃了那种以对一个固定目的的接近程度作为判断标准时所容易产生的傲慢。

第四，生长、改善和进步的过程，比静止的结果更为重要。作为一成不变的目的的健康，不是目的和善。健康所需的改善——一个连续的进程——才是目的和善。目的已不再是要到达的终点或界限。它是改变现存状况的积极过程。生活的目标并不在于那作为最终目标的"完美"，而在于不断完善、培养和追求精致的持久过程。诚实、勤勉、节制、正义和健康、富有、学问一样,不是能够被人们所拥有的善,就好像它们不是有待于人们去获得的固定目标一样。它们是经验性质上变化的方向。只有生长自身,才是道德的唯一"目的"。

尽管这个观念对于罪恶的问题,以及对乐观主义与悲观主义之间的争论所产生的影响过于广泛,无法在此讨论,但也值得稍微一提。罪恶问题已不再是神学和形而上学的了,而被视为要去减少、缓和以至于除去人生中的罪恶的实际问题。哲学无须巧妙地来证明罪恶只是表面而不是真实的,也无须设计精巧的方案来否定罪恶,更不必糟糕地为其辩护。它承担了另外的责任,即谦逊地贡献出一些方法,以帮助我们发现人类弊端的原因。悲观主义是使人气馁的学说。它通过宣称整个世界完全是邪恶的,觉得试图为某一个特定的恶事找到救治的方案只能是徒劳的,因而就从根基上摧毁了所有使世界变得更美好更幸福的努力。完全的乐观主义,企图否定罪恶,也同样是一个梦魇。

毕竟,认为现世界是一切世界中最好的乐观主义,可以说是对悲观主义的最大嘲讽。如果这个世界是最好的,那么,根本上的坏世界又是什么样呢?改良主义就是这样一种信仰:一时存在的特殊状况,无论相对来说是坏还是好,总是可以更好的。它鼓励理智去研究实现善的积极手段以及实现善的障碍,鼓励理智努力改善条件。它唤起乐观主义不能激起的信心和合理的希望,因为后者声言善已经在终极实在中实现了,从而试图向我们掩饰具体存在的诸恶。它很容易就成为生活安逸而舒适的人们和已成功地获得这个世界回报的人们的信条。乐观主义很容易使其信奉者无视或者漠不关心不幸者的苦难，或者动辄就把别人的困境归结于是那些人本身的罪过。因此，它就和悲观主义合谋起来，麻痹人们的同情心，阻碍理智上对改革的要求，尽管两者在字面的意思上完全不同。它将人们从相对的和变化的世界召唤到绝对的和永恒的平静中去。

　　道德态度中所发生的许多这样的变化，其意义都集中在幸福的观念上。幸福曾经常常是道德家所轻蔑的对象。但是，极端禁欲的道德家也常常在其他的名目下恢复幸福的观念，如"福祐"（bliss）。没有幸福的善，没有满足感的勇敢和德性，不追求享受的目的——这些东西实际上是难以忍受的，就像它们在概念上是自相矛盾的一样。幸福不只是一种拥有，它并不意味着固定地得到某种东西。那样的幸福或者是道德家所严厉斥责的、毫无价值的自私自利，或者是贴着"福祐"标签的一种乏味的无聊，是没有任何挣扎和劳苦的永恒的宁静。它只能满足那些最脆弱的懦夫。只有在成功中才有幸福，而成功就意味着做事顺利、步步前进。它是一个积极的过程，而不是一个被动的结果。因而它包括对障碍的克服，对缺陷和弊病的根除。审美的感觉和享乐是任何有价值的幸福的主要成分。与精神的更新、心灵的再造和情感的净化完全脱离的审美鉴赏，是软弱多病的，注定因贫乏而快速灭亡。那种更新和培养是无意识地来临的,没有任何刻意,这使它们更加真实。

从总体上看,在关于目的和善的经典理论向现在的这个可能理论转变的过程中,功利主义的位置最为显著。它具有无可置疑的功绩。它力图摆脱模糊的普遍概念,而开始认真考虑特殊的、具体的事物。它让法则从属于人类的功业,而不是让人类从属于外在的法则。它认为制度是为人而设,而不是人为制度而设。它积极地促进所有的改革。它使道德的善成为自然的、属于人的,从而与生活中的自然善结合起来。它反对非尘世的、彼岸的道德。最重要的,它使人类的想象力适应了把社会福利作为最高标准的观念。但是,它在根本的要点上仍然受到陈旧的思想方法的深刻影响。它未尝质疑过固定的、终极的和最高的目的这个观念。它只是疑惑当时流行的关于这个目的本质的见解,它把快乐和快乐的最大量放在了那个永恒目的的位置上。

这种观点并不把具体活动和特殊兴趣看作本身有价值或幸福的成分,它们只被看作是获得快乐的外部手段。旧传统的支持者得以指责功利主义,说它不仅把美德而且把技艺、诗歌、宗教和国家看作是服务于感官享乐的手段。既然快乐是一个获得物,可以独立于获取它的那个积极的过程而有自身的价值,那么,幸福就是一个可以被得到而占有的东西。人的占有本能被夸大了,而创造的本能则被埋没。生产的重要性不再是因为发明和改造世界具有内在价值,而是因为生产的外在结果能够让人们得到快乐。像所有设定固定的和终极的目标而使具体的目的成为被动性的和占有性的理论一样,功利主义把所有主动的行动变成了单纯的手段。劳动变成一种无法避免的、有待人们去减少的坏的东西。财产上的安全,在实践中变成首要的事情。物质上的舒适和安逸,在与尝试性的创造活动的辛苦和危险的对比中被夸大了。

这些缺陷在某些可以想象的情形下,也许还只停留在理论上。但是,时代的趋势和那些功利主义鼓吹者的利益,使这些缺陷具有危害社会的力量。尽管作为新观念,它能够抨击社会弊端,但在它的教义中仍包含着掩饰或者导致新的社会弊端的因素。改革的热情表现在批判封建阶级制度所传承下来的恶,即经济上的、政治上的和法律上的恶。然而,代替封建制度而起的资本主义的新经济秩序也具有它自身的恶,而功利主义却要掩饰或支持这些恶。如果与当代人对财富和从财富所能得到快乐的巨大的渴望联系起来,那么,对各种享受物的获得和占有的强调就具有一种难以预料的后果。

如果功利主义没有积极推动新的经济唯物论,它就没有办法与后者对抗。生产活动单纯是为了产品,这种功利主义的一般精神间接地促进了粗俗商业主义的出现。功利主义尽管也对纯正的社会目的感兴趣,但它培育了一种新的阶级性追求,即资本主义对占有财产的追求,因为财产可以通过自由竞争而不是靠政府的维护而获得。边沁强调安全,故而把私有财产制看作是神圣的,只是要避免在私有财产的获得和转让中滥用法律。占有者是幸福的(Beati possidentes)——只要占有物是依照竞争的规则而获得的——也就是说,没有政府外来的帮助。这样,功利主义就证实了这样的观念,即以为"商业"不是服务社会的手段,也不是发展个人创造力的机会,而是为了增加个人享乐的手段。功利主义的伦理学为前文谈到的哲学改造所要求的东西,提供了一个典型的例证。从某种角度看,它反映的是现代的思想和愿望所具有的意义,但它还是被它自以为完全摆脱了的那个旧时代的基本观念所束缚:以为各种各样的人类需要和行动背后有个永恒的和单一的目的,这使功利主义不适合作为现代精神的代表。它还要通过摆脱它所继承的东西而再经过一番改造。

  还要就教育话题说几句,因为道德过程是从坏到好的一个连续性过程,而教育过程与道德过程完全是一体的。在传统上,教育一直被视为一种预备:去学习,去获得将来要用到的东西。目标是遥远的,教育是在做准备,是对以后会发生的、更为重要的事情的准备。童年生活只是成年生活的准备,而成年生活又是另一种生活的准备。在教育中最重要的事情总是在将来而不是在现在:获得以备将来的应用和享乐的知识和技能,养成日后用来经营生意、做好市民和研究科学的各种习惯。教育也被看作仅是一部分人所必需的东西,因为他们需要依赖别人。我们是生而无知、不熟练且不成熟的,因而处于对社会的依赖状态。教育、训练和道德规训是成熟者、成年人用以帮助未成熟者学会照管自己的过程。儿童要做的事情就是在成年人指导下,学会成年人的自立。所以,作为人生中重大事务的教育在年轻人摆脱了社会的依附状态时,就结束了。

上面这两个观念,虽然是笼统假定而没有被明确地推导出来,但它与以经验的成长或连续的改造为唯一目的的那个观念相抵触。不管我们从哪个阶段去看一个人,总会发现他一直处于生长的过程之中,如果是这样的话,教育就不是副产品,不是对未来生活的预备。在现在这个阶段,从种类和程度上促进其应得的成长就是所谓的教育。这是一个持久的作用,与年龄无关。对某一特定的教育,如正规的学校教育,可以说最好的事情就是:它能使受教育者获得进一步的教育,即对于生长的条件更为敏感,更善于利用生长的条件。技术的习得、知识的拥有、教养的获得都不是最终的东西:它们是生长的标志,是持续进步的媒介。

把教育阶段看作是依赖社会的时期,把成熟看作是独立于社会的时期,这种经常出现的对比确实是有害的。我们常说,人是一种社会性的动物,但又把这句话的意义局限于社会性最不明显的领域,即政治。人类社会性的核心在于教育。把教育看作是预备以及把成年看作是生长的一个固定界限的观点,是同一个有害错误的两个方面。如果道德的要务对成年人和儿童来说都是经验的生长和发展,那么,从对社会的依赖中以及社会对人的依赖中所得到的教导,对于成年和儿童就是一样重要的。对成年人来说,道德独立就意味着生长的停止,孤立意味着顽固。我们把儿童在理智上的依赖夸大了,于是儿童过分地受到管制;同时,我们又夸大了成年人对于亲密生活和与人交往的独立性。当认识到道德过程和特殊生长过程的同一性时,对儿童所进行的更有意识和正式的教育将被看作是社会前进和重组中最经济、最有效的手段;同时,很清楚,对于成年生活的所有制度的检验标准,在于它们是否能够很好地推行持续的教育。政府、商业、技艺、宗教和一切社会制度都有一个意义、一个目的。那个目的就是解放和发展个人的能力,不分种族、性别、阶级或经济状况。这就是说,它们的价值在于它们在多大程度上能够教育个人,使其达到其可能性的极致状态。民主有许多含义,但如果它有一个道德意义的话,那就在于:所有政治制度和工业组织的最高检验标准,将是它们应当对社会每个成员的完满生长所作出的贡献。

第八章 改造影响社会哲学

哲学变革对社会哲学将产生多么深刻的影响呢？就社会哲学的基础来看，每种观念及其联系看来都已经形成了。社会是由个人组成的：这个明显而基本的事实，是无论怎样自命不凡的哲学也不能质疑或改变的。于是就产生出这样三种观念：社会必须为个人而存在；或者，个人必须把握社会为他们所设定好的各种目的和生活方式；或者，社会和个人相互之间是相关联的、有机的，社会要求个人的服务和服从，而同时其存在也是为了服务于个人。在这三种观念以外，逻辑上似乎再也想不出其他的见解。而且，虽然这三种类型各自包含了许多属类和变化，但那些变化似乎环环相扣，以至于现在最多只能做一些微小的调整。

看起来特别真实的是，"有机的"这个概念能够满足对于极端个人主义和极端社会主义的一切批评，从而避免柏拉图和边沁的错误。正因为社会是由个人所组成，个人和个人之间的关系同样重要。没有称职有为的个人，构成社会的联系和纽带就没有东西可以依赖。离开了相互间的关联，个人就彼此隔离而失去活力；或者是个人之间互相反对，从而损害个人的发展。法律、国家、教会、家庭、友谊、工业协会和其他制度组织一样，都是个人生长和获得特殊能力与位置所必需的。没有它们的协助与支撑，人类的生活就如霍布斯所说，将会是野蛮、孤独而污秽的。

如果看到这些不同的理论都有一个共同的缺点，那么，我们就直抵问题核心了。它们的错误在于：在逻辑上，都是以一般的观念来概括种种特殊的情境。而我们想了解的，是这个或那个由个体组成的集体，是这个或那个具体的人，还有这个或那个独特的制度和社会组织。由于这样一种探究逻辑，我们传统上接受的逻辑就取代了对概念的意义及其相互间辩证关系的讨论。那种讨论应根据国家、个人、制度以及一般社会的本质来进行。

我们在解决家庭生活中具体的困惑时需要指导，但碰到的往往是关于家族的许多议论，或者关于个人人格神圣性的一些主张。我们想了解处在特定时间和地点条件下的私有财产制度的价值时，会碰到蒲鲁东（Proudhon）的所谓财产一般是盗窃的回答，或者黑格尔的回答：意志的实现是一切制度的目的，而私有权作为人格对于物的控制的表现，是这种实现所必需的要素。这两种回答，可能对于特定情境有某种启发性。但这些观念的提出，并不是因为它们适合于特定的历史现象。它们是一般性的答案，被认为具有一种包括和支配一切特殊事物的普遍性意义。因此，它们无益于探究，它们终结了探究。在解决具体的社会困难中，它们不是被运用和被检验的工具，而是被加在特殊事物上面以确定事物本质的、现成的原则。当我们想要了解"某一国家"（some state）时，它们告诉我们的是"一般国家"（the state）。意思是说，关于"一般国家"所说的可以适用到我们想要了解的任何一个国家上。

把思想从具体情境转移到定义和概念的演绎上去，其结果，尤其那种有机论的结果，能够用来为现成秩序作理智的辩护。最关心实际的社会进步和民众从压迫中解放出来的那些人，对有机论的态度已经冷淡了。把德国唯心论应用到社会哲学中，其结果是筑起了一道用以支撑当时的政治现状的壁垒（纵然不是有意的），从而抵挡了法国大革命所掀起的激进思潮。虽然黑格尔曾明确主张，国家和制度的目的在于促进全民自由的实现，而其结果却是把普鲁士国家和官僚绝对主义尊为神明。这种为现状辩护的倾向是偶然的，还是从它所用的概念的逻辑里必然推出来的呢？

当然是后者。如果我们谈论的是一般国家和一般个人，而不是这个或那个政治组织、这个或那个贫穷困苦的人类群体，那么，我们就会把属于一般观念的魔力和威信、意义和价值放到特殊的具体情境上面，从而掩盖后者的缺陷，遮蔽迫切改革的需要。在一般观念中所发现的意义，被注入到那些从属于它们的特殊事物之中。为了理解和说明具体事件，我们把它们统括在一般观念之下，从而接受一般观念的呆板性，上面的情况自然就会发生。

再者，有机论的观点倾向于对特殊冲突的意义进行最小化。由于个人和国家或社会制度只不过是同一现实的两个方面，既然他们在原理和概念里得到了调和，那么，任何特殊场合下的冲突就只不过是表面的了。既然在理论上，个人和国家是互相需要、互相帮助的,那么,我们为什么又要去关注这个国家全体个人正在遭受压迫的事实呢？在"现实"中,他们的利益和他们所属国家的利益不会有冲突；对立只是表面的、偶然的。资本家和劳动者不会发生"真正的"冲突,因为他们彼此互相需要；而且,双方对于其所组成的作为整体的社会也都是必需的。性别问题也并不"真正地"存在,因为男女彼此是不可缺少的,对国家来说也是必不可少的。在亚里士多德所处的时代,他可以运用高于个体的一般概念的逻辑来说明奴隶制度符合国家和奴隶阶级双方的利益。即使其本意不是要去为现存秩序辩护,但其结果是转移了对特殊情境的注意力。以前,理性主义的逻辑使人们对自然哲学①中的具体事实缺乏观察；现在,它又抑制并阻碍着对具体社会现象的观察。社会哲学家困守在他的概念领域内,用阐明观念的关系来"解决"问题,而不是给人们提供可以使用和验证的假设性的改革计划,从而帮助人们解决具体问题。

当然,与此同时,具体的麻烦和不幸仍然存在。它们并不会因为社会在理论上是有机的统一体,就能够魔术般地消失。具体困难所在之处,也就是需要理智地帮助制定尝试性的方案来进行试验的地方,也恰恰是理智未能发挥作用的地方。在这

---

① "physical philosophy",胡适译为物质哲学,但许崇清等译为"自然哲学",这更合适一些,类似于前面的"physical science"。——译者

个特殊而具体的地方,人们只能求助于最粗糙的经验主义、目光短浅的机会主义和暴力的斗争。在理论上,特殊事件都已被巧妙地安排起来,并且被归属到适当的纲目范畴之下。它们被贴好标签,放置到一个秩序井然的、标明自然科学或社会科学的框架中去。然而,从经验事实看,它们是和以前一样令人困惑、混乱而无组织的。在处理这些事情时,人们并不是利用科学的方法,而只是靠盲目的猜测,靠对先例的引证,靠对眼前利益的算计,或是试图大事化小,或者干脆依赖强制力的使用,或者任凭个人野心的冲动。世界仍然存在着,它总是要向前运动的,这不容否认。试错法以及私利的竞争也曾推动了一些进步。然而,社会理论仍被当作是无用的奢侈品,而不是探究和筹划的指导方法。哲学改造的真正目标,不是对制度、个人、国家、自由、法律、秩序等等一般概念进行精细的推理,而是去发现改造特殊情境的方法。

让我们来考察一下个体的自我观念。18世纪到19世纪的英法个人主义学派在意向追求上是经验主义的。从哲学上说,个人主义是以这样的信念为基础的,即个人是真实的,而阶级和组织是次要和派生的。阶级与组织是人为的,而个人是自然的。个人主义在什么意义上面临前述那种批评呢?不错,可以说,它的缺陷就在于这个学派忽略了个人和他人的关系(这种关系是每个个人的构成部分)。但更不幸的是,这种个人主义没有摆脱那种被批评过的、对诸制度的大规模辩护。

真正的困难在于个人被视为被给予①的东西,已经在那里的东西。因此,他就只能是有待被满足的东西,他的快乐要扩大,他的资产要增殖。个人既然被看作是已经存有的东西,那么,凡是可以对他做的,或为他做的,无论什么事情,就只能通过这些外在的刺激和拥有而实现了:快乐和痛苦的感觉,以及舒适和安全。社会组织、法律、制度是为人而设,而不是人为它们所设,既然这是真的,那么,它们就是人类的幸福和进步的手段和工具。然而,它们不是个人用来获取什么东西(譬如幸福)的手段,而是创造个体的手段。只有在对感官来说是各自分离的那些物体的物质性感触中,个性才能成为一项原始的数据。在社会和道德的意义上,个性是要被塑造出来的某种东西。它是指创造性、发明性,是指丰富的策略,是指承担选择信念与行为的责任。它们是成就而不是天赋。作为成就,它们不是绝对的,而是与它们的用途相关的;而这个用途,会随着环境的变化而变化。

我们可以从自我观念的命运中,看到这个思想的意义。经验派的所有成员都强调这个观念。他们认为,它是人类唯一的动机。获取美德就是要去做有利于个人的行动,改善社会组织是为了使利己主义和利他思想取得一致。反对派的道德学家也不遗余力地指出,把道德和政治科学还原成利己手段的任何

---

① 英文为"given",这里是杜威对康德的"被给予"概念进行批判。——译者

学说都是罪恶的。因此,他们竟把利益的观念当作是有害于道德的东西而整个儿抛弃了。这样做的结果,助长了权势的力量,带来了政治蒙昧主义。在利益的作用被抹去以后,还能剩下什么呢?还能找到什么具体的动力呢?那些把自我看成是某种现成的东西,把自我的利益看成是获得快乐和赢利的人们,能够采取最有效的可能手段来恢复法律、正义、权力、自由等抽象概念的逻辑——这些模糊的一般观念貌似严正,却可以被狡猾的政客所操纵,被他们用来掩饰其计谋,被用来把坏事当作善事。利益是具体的、动态变化的;它们是产生任何具体的社会思想的自然条件。但是,当它们与卑鄙的自私自利结合起来的时候,便无可救药了。只有在自我被看作进程中的过渡物,而利益被当作是推动自我运动的事物的时候,它们才可以被当作重要的术语得到运用。

  同一逻辑也适用于"改革是从个人开始,还是从制度开始"那个旧的争论。当自我被认为是某种在其自身是完美的东西时,就很容易论证,在一般的改革中,只有内在的、道德的变化才是重要的。据说制度的变化只是外在的,它们可以增加生活的舒适和便利,但不能带来道德的改良。其结果就是,把社会改造的重任以最不可能的形式搁在了自由意志的肩上。而且,人们在社会和经济上的被动性得到了加强。个人被认为只应关注于对自己的是非善恶进行道德反思,而对环境的特性可以不闻不问。道德不再积极地关注经济与政治的具体情况。让我们从自己的内心来完善自己吧，到那时，社会自然会起变化，这就是它的教导。于是，智者沉浸于反思，大盗横行天下。然而，当人们认识到自我是一个能动的过程时，就会明白，社会的变革是创造新人的唯一手段。对制度的评价要看它的教育效果——即它培养出什么样的个人。个人的道德改进和客观的经济政治条件的改革融为一体。要去探究社会组织的意义，我们也就有了确定的着力点和方向。我们可进而追问：每个特定的社会组织有什么样的特定动力和教育力量呢？政治与道德之间曾经的分裂就被连根拔起。

因此，我们不能满足于国家社会和个人是有机统一的那种笼统说法。这个问题涉及一些具体的因果关系。这个政治或经济的社会组织究竟引起了什么反应？它对于参与其中人们的性情气质产生了什么影响？它解放了人们的能力吗？如果解放了，解放的范围又有多大？是否只针对一些人，而其他人却因此受压迫？抑或是以广泛而平等的方式？那被解放了的能力是否被指向同一个方向而具有实实在在的力量，或者它的显现只是间歇而变化无常的吗？既然社会的组织所引起的反应是无限多样的，这些探究必定也很细微而具体。人们的感觉是被社会组织的各种不同的形式塑造得更锐敏、更精细，还是更迟钝、更笨拙？他们的心智是否得到磨炼，手脚是否因此更加灵巧？好奇心被激发还是被抑制了？好奇心的性质是什么，只是关于事物的形式和表面的审美的东西，还是一种对于事物意义的理智的探究？像这样的问题(以及传统上名为道德的诸性质的那些更显著的问题)，在个性被认为不是原初给予的，而是在共同生活的影响下被创造出来的时候，就成为探究共同体各种制度的出发点。和功利主义一样，此理论不断地考察和批判组织的各种形式。但它并不引导我们去询问：它对现实中的个人带来了一些什么样的痛苦和快乐；引导我们去探究它具体解放了什么能力，并且在促成其发挥其力量方面做了些什么。总之，它所造就的人究竟是什么样的？

从一般概念出发来探讨社会事务所造成的精力浪费是惊人的。在考虑呼吸问题的时候，如果讨论只在器官和有机体的概念上打转的话，生物学家和医生能取得什么进步！例如，某个学派认为，只有坚持呼吸在个人身体内是"个人"的现象时，才能了解呼吸；而相反的学派却坚持认为，它只不过是与别的机能有机交互作用中的一个，所以，只有去参考那些同在一般性常态的其他机能，它才能得到认知或理解。这两种说法同样真实，又同样没有意义。我们需要的是对许多具体的结构和交互作用进行专门探究。一本正经地强调个人、有机整体或社会全体等范畴，不仅不能促进准确而详细的探究，反而会阻碍它们。它把思想束缚在傲慢、华丽的一般性概念内，论争不可避免，而且肯定得不到解决。这当然是真的：如果细胞彼此之间没有充满生机的交互作用，它们就既不能相互冲突，也不会相互合作。有机的(organic)社会是整体存在的，但这并不解答什么问题，它只是指出了问题所在：什么样的冲突和合作发生了，它们的具体原因和结果是什么。但是，因为社会哲学仍然坚持在自然哲学中已经不承认的观念的秩序——即使社会学家也把冲突和合作看作是建立社会哲学的一般范畴，因此，他们屈尊于经验事实，只是为了把它们当作例证。一般来说，他们的"问题"核心是纯辩证的，上面覆盖着大量的人类历史事实：个人怎样联合而成为社会？个人是如何被社会控制的？而这问题之所以被称作辩证的，因为它是以"个人"和"社会"的先行概念（antecedent conceptions）为基础的。

"个人"（individual）并非一个事物，而是一个内涵丰富的词，它代表着那些在共同生活的影响下所产生、所确认的各种各样的人的具体反应、习惯、气质和能力。"社会"这个词也是如此，它代表着许多不确定的东西。它包括人们为了分享经验和建立共同利益和目标的一切联合方式：街道上的流氓群（street gangs）、强盗帮（schools for burglary）、党派、社团、贸易联盟、股份公司、村落和国际同盟等等。而新方法的作用在于，用对特殊的、可变的、相对的事实（与问题和目的相关，而与形而上学无关）的探究来代替对一般概念装模作样的摆弄。

很奇怪的是，现在关于国家的概念正是这样的一个例证。由于受到在等级秩序内排列固定不变的类别的古典秩序的直接影响，19世纪德国政治哲学试图列举各有其本质和不可变更的意义的一定数量的制度，并根据各种制度的品位和等级将它们排列成一个"进化"的次序。民族国家（National State）则被放在最上面，被看作是其他一切制度的完成、终点和基础。

　　黑格尔是这项工作的卓越代表，但他绝不是唯一的一个。那些曾和他激烈争论的人，只不过是在进化的细节上，或是在某种制度的具体意义（也就是作为本质的概念）上，与他有分歧。争论之所以激烈，只是因为所依据的前提相同。尤其许多学派在方法和结论上差别很大，但在国家所要达到的最终位置上却是一致的。他们不必走得像黑格尔那样远，即把历史的唯一的意义看作是地域性的民族国家的进化，每一个民族国家所包含的"国家"的本质意义或国家观念比先前的形态要包含更多，并且最终取代了它，直到我们达到历史进化的顶点，即普鲁士国家的建立。但是，他们并不质疑在社会等级制度里国家唯一而至高无上的地位。事实上，这个观念打着主权的旗号已经僵化为不可置疑的教条了。

　　毫无疑问，现代地域性的民族国家所扮演的角色确实非常重要。这些国家的形成，一直是现代政治历史的中心。法兰西、大不列颠、西班牙是最先形成国家组织（nationalistic organization）的民族，但在19世纪，日本、德意志和意大利也紧随其后，更不用说希腊、塞尔维亚、保加利亚等大量的小国了。众所周知，最近的世界大战最重要的一面，就是为了完成民族主义运动而斗争，其结果是导致波希米亚、波兰等成为独立的国家，而亚美尼亚和巴勒斯坦等也即将成为民族国家。

国家的至高权力对其他组织形态的斗争表现为反对地方、省、公国的势力,反对封建诸侯势力的扩张,在一些国家里,则表现为对教会权力僭越的反对。社会的统一和巩固的伟大运动是在最近少数几个世纪里发生的,这个过程由于蒸汽和电气所带来的力量的集中和结合而大大加速了,而国家明显就是这个运动的高峰。政治科学的研究者们,自然地、不可避免地注意到这个伟大的历史现象,并且开始系统地研究其形成过程。因为当代的进步意味着要去建立统一的国家,反对社会小团体的惰性,反对争夺权势的野心,所以,政治理论发展出关于对内和对外的国家主权的教义。

但是,当统一和巩固的事业达到顶点的时候,问题也就出现了,即当民族国家一旦巩固并且不再抵抗强敌时,它是否将成为仅仅促进和保护其他更自由的团体的一个工具,而不是把自身当作一个最高的目的?有两个实际发生的现象,倾向于支持对此持肯定的回答。随着国家组织的不断扩大、不断渗透和不断统一,个人也从传统的习惯和阶级所加的限制和奴役中解放出来。然而,从外在强加的束缚里解放出来的个人并不是孤零零的。社会的各个分子立刻在新的联合和组织里重新结合起来。强制的联合被自由的联合所取代,僵死的组织被对于人类的选择和目的更友好的组织——可以直接根据人的意志改变的组织——所代替。从一个方面看,这好像是一种个人主义的运动,但实际上,这是大幅增加组织的种类和变化的运动:

政党、工业企业、科学技术组织、贸易联盟、教会、学校、无数的俱乐部和社团,这些组织哺育了人类可想象的各种共同利益。随着这些组织在数量和重要性上的发展,国家越来越成为它们之间的规范者和协调者:规定它们的活动范围,预防和调解它们的冲突。

国家的"霸权"近似于管弦乐队的指挥,他本人不奏乐,但他调和着那些在演奏中各有其内在价值的活动。国家依然非常重要——但它的重要性越来越表现在培育和协调各种自由结合的团体的活动上面。在现代社会里,它只在名义上才是所有其他团体和组织存在的目的。增进能够被人们所分享的善的那些团体,才是真正的社会组成部分。它们占据着传统的理论,宣称只是为孤立的个人或至高单一的政治组织所拥有的位置。现行政治的实践肯定了多元论(Pluralism),它要求对等级制和一元论进行修正。凡能增加生活价值的任何的人类力量的结合,自身就具有独一无二的至上价值。它不能被降低为只是为了国家的荣耀。战争是导致道德更加败坏的一个原因,它迫使国家抵达了一个反常的至高地位。

另外一个具体的事实是,地域性的民族国家对独立主权的要求和不断增长的国际(或被称为超国家的)利益的对立。现代国家的福与祸是连为一体的。一国的衰弱纷乱以及错误的治理法则会越出其国境,传播感染到其他国家。经济、艺术、科学的发展也是如此。此外,前面提到的自由结合的团体也不局限在一定的政治境域里。数学家、化学家、天文学家的协会,工商企业、劳工组织和教会都是超国家的,因为它们所代表的利益是世界性的。这样看来,国际主义不是一个愿望,而已经是一个事实;不是一个安慰感情的理想,而已经是一股力量。然而,这些利益却被有关于排外的国家主权的陈旧教义所分割和拆散。只有国际主义精神,才能与当今的劳动、商业、科学、技艺和宗教的原动力相一致;而最强烈地阻碍这种精神之有效形成的,正是关于主权的流行教义和教条。

我们已经说过,社会是许多人的联合体而不是单一的组织。社会意味着联合,即在共同的交往和行动中联合起来,以便更好地实现那些因共同参与而得到扩大、得到确证的各种各样的经验形式。因此,有多少种通过互相交流和共同参与才能提高的善,就有多少种类的联合形式。这些东西在数量上是无限的。的确,能否经得起公开和交流,是检验真善和伪善的标准。道德家总是坚持这个事实:善是普遍的、客观的,不是私人的、特殊的。但是,他们往往像柏拉图一样,满足于形而上学的普遍性;或者像康德一样,满足于逻辑的普遍性。交往、共享、协同参与是实现道德的法则和目的普遍化的唯一途径。我们在前一讲已经说过,每个内在的善各有其独特的性质。但与这个命题相应的是:有意识地实现善的境遇,不是立足于一时感觉或一己之私,而是立足于共享和交往,即公共的、社会的。即使是隐士,也要与神灵幽会;即使是身处困境者,也会爱其同伴；最极端的自私者，也有党羽同帮共享其"善"。普遍化就是社会化（universalization means socialization），就是把共享福利的人们在范围和分布区域上加以扩大。

只有通过人们的交往，诸善才能存在并持续下去；团体是共享利益的手段，这个信念日益深入人心，它隐含在现代人本主义和民主主义的精神之中。它是利他主义和慈善的保健剂（saving salt），没有这个要素，利他主义和慈善就会变成道德的高傲和道德的干涉，打着行善的旗号，或者仿佛是施恩似的赋予别人一些权利，去控制别人的事务。由此可见，组织绝不能以自身为目的。组织是促进合作、扩大人们之间有效的接触，是引导人们交往从而获取最大收获的一个手段。

把组织本身当作目的，这种倾向是形成所有那些夸大其词的理论的原因；在那些理论中，制度的名号尊贵，个人从属于它。社会是这样一种合作的过程，在其中，经验、观念、情绪、价值可以流动而成为公共的。对这个积极的过程来说，个人和制度组织才是真正从属的。个人是从属的，因为如果撇开与别人交往过程中产生的经验上的交流，他就只是一个不能说话的、纯感觉的、野性的动物。只有在与同伴的交往中，他才成为经验中的意识核心。组织，即传统的理论中所谓的社会或国家，也是从属的；因为如果它不能被用来便利和增加人类的交往，就随时会变得停滞不前、呆板和官僚化。

把个人和社会当作固定不变的概念而产生的对立，其另外一种表现就是在权利和义务、法律和自由之间长期争论不休。对于个人来说,自由就是发展,就是在要求调整的情况下可以随时改变。

个人的自由是一个积极的过程,是一个能量不断释放、增长的过程。但是,既然社会只有在新事物被人自由处置时才能发展起来,那么,认为自由对个人是积极的而对社会利益是消极的那个看法就是荒谬的。只有在一个社会的全体成员都尽其所能地发挥他们的才干时,这个社会对偶然事件的应付才会是强有力而稳定的。要让人们尽其所能,就需要在既定的或法定的习俗之外给人们留下实验创新的余地。一定数量的混乱和无序说明,存在一个自由的边缘地带;只有在这个地带,能力才有用武之地。然而,在社会生活和科学探究上,重要的事情不是避免错误,而是把错误控制在一定的条件下,并把它们利用起来,以增进将来的智慧。

如果说英国自由主义的社会哲学忠于原子经验论(atomistic empiricism)的精神,把自由和行使权利本身看作是目的,那么,要补救这个理论的缺陷,就无需求助于德国政治思想中所特有的强调固定义务和权威的法律哲学。正如事实所证明的那样,后者是危险的,因为它对于其他社会团体的自由自决权隐含着一种威胁。它的内部是虚弱的,无法经受彻底的检验。它敌视个人在从事社会事务时的自由尝试和自由选择,它限制了许多人或者大多数人有效参与社会活动的能力,因而使社会脱离了全体成员的贡献。要保证集体的效率和力量,最好解放和利用个人的各种能力,如创造力、计划能力、预见力、活力和忍耐力。人格必经教育而成,如果将人的活动限制在技术性的和专门的事物中,或限制在人生无关紧要的关系中,那么就无所谓人格的教育了。只有在人们能够按照各自的能力参与所属社会团体的目的和政策的制定时,才有所谓圆满的教育。这个事实确立了民主的重要性。民主既不能被看作是宗派的或种族的事情,也不能被看作是对已获得宪法裁决的某种政体的确认。它表达着这样一个事实:只有在人性的诸因素参与管理公共事物时——也就是男男女女形成的家庭、实业公司、政府、教会和科学团体等事物时,人性才能得到发展。这个原理适用于其他合作形式,如工业、商业,也同样适用于政府。然而,把民主与政治上的民主看作是同一件事——这是导致大多数民主实践失败的原因,这是建立在一个传统的观念上的,即认为国家和个人自身是现成给予的实体。

当新观念在社会生活中得到恰当表达的时候,它们会被同化到原有的道德规范中去;并且,这些观念和信念会进一步深化,它们将在不知不觉中被传播开来,被维系下去。它们将使想象更加丰富多彩,使欲望和情感更加平和。它们不会成为一套有待诠释、推理和论证的观念,而将成为一种自然发生的领会人生的方式。于是,它们将具有宗教的价值。宗教精神将重新焕发光彩,因为它可以与人们无可怀疑的科学信念以及日常的社会活动相调和。它无须因为需要依赖那些正在不断被侵蚀毁坏的科学思想和社会信条,而去过那种羞怯胆小的、躲躲藏藏、感到歉疚的生活。尤其是,当那些观念和信念是依靠或多或少自觉的努力、审慎的反思和辛勤的思考维持时,它们自然而然被情感所滋润,转化为丰富的想象和精美的艺术,因而它们本身将更加深化、更加巩固。如果它们还没有被想象和感觉视为当然之事,仍将是技术和抽象的。

我们一开始就曾指出,欧洲哲学兴起于理智的方法和科学的成果与传统社会(传统社会体现和巩固的是自然的欲望和想象所结出的果实)的分道扬镳。我们也指出,哲学的问题一直以来就是调节枯燥、单薄、贫乏的科学立场与长存不衰的温暖丰富的想象信念之间的关系。现代科学提出了可能性、进步、自由运动和无限多样的机会等等概念。但是,只要在人们的想象中还存在着那流传下来的永恒不变、一蹴而就、有序而系统化的世界,机械论和物质的观念就会像死尸一样压在情绪上,麻痹宗教,破坏艺术。当人的能力的解放对于组织和既成制度不再是一种威胁的时候——实际上,人的能力的解放是不可避免的事情,并且它会对保存过去最宝贵的价值构成一种威胁;当人类能力的解放以一种社会性的创造能力表现出来的时候,艺术将不再是一种奢侈品,也不会与日常生计不相关。从经济上说的谋生,与谋求一种值得过的生活变得一致了。而且,当有关交往的、共同生活和共同经验的奇迹的那种情绪的力量,或者说神秘的力量被自然而然地感受到的时候,当代生活中的艰辛和粗野将沐浴在从未照耀过这个世界的光明之中。

诗歌、艺术和宗教都是宝贵的东西。它们是不能通过流连于过去,并妄想恢复科学、工业和政治的运动所摧毁的东西而得到维系的。它们是思想和欲望所开出的花朵,作为千千万万的日常生活片段和接触的结果,自然而然就被汇合成一种人类想象的倾向。它们不可通过意志设计而成,也不能通过暴力强迫而成。精神之风想吹到哪里就吹到哪里,而且这些东西的天国不能通过观察得到。不过,已经失去信誉的宗教和艺术的旧源头不能通过深思熟虑的抉择来保存和恢复了;但是,将来的宗教和艺术的源头却可以加速发展。当然,直接以生产出它们为目标的行动是靠不住的,我们依靠的是相信接纳现代社会的积极趋势,而不是惧怕和嫌恶它们;我们要靠那智慧激发的勇气,去追随社会和科学的变化所指明的方向。今天,我们的理想是脆弱的,因为智慧与激情已经分离。环境中赤裸裸的力量迫使我们转向日常信念和行动的细节,但是,我们更深的思想和愿望却转向后面(不敢面对它们)。当哲学与具体事件的进程合作并使日常生活细节的意义显得清楚连贯时,科学和情感将互相渗透,实践和想象将互相拥抱。诗歌和宗教感情将会成为生活中自然开放的花朵。进一步阐述和揭示当下具体事件进程的意义,就是(我们这个)过渡时期哲学所应承担的任务、所应解决的问题。

《哲学的改造》①再版导言②
25年之后看改造：1948年

---

① 原文是"Reconstruction in Philosophy"，准确的意思是哲学中的改造，或者哲学上的改造，即发生在哲学这个领域里的改造。杜威在1948年为此书再版撰写的导言中说："现在，Reconstruction of Philosophy 是一个比 Reconstruction in Philosophy 更合适的题目。"这一方面表明杜威在原文中是有意地使用"in"而不是"of"，当然就不是笔误；但另一方面，也说明杜威更认可"of"而不是"in"，虽然只是后来由于一系列事件才使他认为，或者意识到，"of"比"in"更妥当一些。鉴于在中文里"哲学的改造"具有一定的模糊性，既可理解为"哲学（领域中）的改造"，也可理解为"（针对于）哲学的改造"，而这个模糊性恰好抵消了英文里 of 与 in 的区别。这里依照惯例，与前人一样，也译为"哲学的改造"。——译者
② 首次是以《哲学的改造》重印版的导言发表的（波士顿：灯塔出版社，1948年，第5—11页）。

I

这本书中的文字是在大约 25 年前写成的——也就是第一次世界大战之后不久,文本未经修改就付梓了。本导言就是依据那个文本的思想而作的。另外,我写作这个导言,也是基于这么一个坚定的信念:这些年所发生的事情已经造成了这样一种形势,即对改造的需要比起写作这本书的那个时候显得更加广泛而紧迫。更具体地说,我相信,当下的形势更清楚地表明了所需的改造必须集中在什么地方,新的细节发展必须前进的方向。今天,"对哲学的改造"这个题目比"哲学的改造"更为合适①。因为,这(25 年)期间所发生的事件鲜明地表明了本书基本假定的内涵,这个基本假定就是:哲学独特的职能、问题和主题是从共同体生活中的压力与紧张而来的,正是在这种共同体的生活中,才产生出了某种独特的哲学。因此,这种哲学中独特的问题将随着人类生活的变化而变化;生活的变化永不停息,这种变化也就不停地在人类的历史中产生危机和转折点。

第一次世界大战对早期的乐观主义来说,是一个强有力的震撼。那种乐观主义曾经普遍地抱着这样一种信念:持续的进步必将导致不同的民族与阶级之间的相互理解,并且必然走向

---

① 原文是:Today Reconstruction of Philosophy is a more suitable title than Reconstruction in Philosophy。——译者

（全世界的）和谐与和平。今天，那种震撼令人难以置信地更加强烈了。不安全感与各种争端非常普遍，社会上弥漫着一种对不确定性焦虑的悲观态度。因未来生活而感到的不确定性，已经给我们当下生活的方方面面涂上了一层沉重而忧郁的阴影。

哲学是否有能力解决这个时代的重大问题呢？对此，今天在哲学上已经很少有人能表现出足够的信心了。这种信心的缺乏，表现在人们只关注于各种技术方法的改进，或者对过去体系的反复推敲。这两种兴趣在某种程度上都是情有可原的。但是，对于第一种情形来说，技术方法倾向于不断改良和精化出更加形式化的技巧，然而，改造的方式是不应该牺牲实质内容而只关注形式的。关于第二种情形，（改造）不能仅仅通过增加有关过去的、对现在困扰人类诸多问题没有启发性的广博学识来进行。我们可以毫不夸张地说，当刚才提到的那两个话题中兴趣成为主流时，哲学就从当下的现实情境中越来越明显地退缩了；这本身就表明，人类生活的其他方面所存在的混乱和不安到了什么样的程度。的确，我们可以进一步说，这种退却表明了以前的各种（哲学）体系对于当前的困扰不能提供出什么有价值的东西，这些体系的确存在这样的缺陷：渴望寻找某种固定不变的、确定的东西，从而（为人类的心灵）提供一个安全的避难所。一种与当下相关的哲学必须解决从变化中产生出来的问题，这些变化发生得越来越快，所涉及的人文-地理范围越来越大，渗透得也越来越深；这个事实清楚地表明，（我们的哲学)需要一种非同寻常的改造。

当一种与此相似的观点在前文以及下文中被向前推进时,它一直被批评为是一种对于过去伟大体系的"敌对态度"(a sour attitude),这是由一位温和的批评者提出来的。因此,当我们说,对过去的哲学体系的批评,不是针对这些体系与它们所处时代与处境的知识与道德问题的相关性,而是针对它们与变化了的人类处境的相关性,这时候,这种说法就与所需要的改造的主题相关了。那些使得伟大体系在其自己的社会文化语境中受到尊重和羡慕的东西,从长远看,正是使那些体系脱离现今这样一个世界的原因:这个世界的主要特征已经发生了很大的变化,我们可以从过去几百年来谈到的"科学革命"、"工业革命"和"政治革命"看到这种变化的程度。就我所能看到的来说,只有我们深思熟虑且批判性地注意到改造工作所置身于的、并与之相关的那个背景,才能提出改造的要求。这种批判性的关注远非一种轻视的标志,对于发展一门哲学的兴趣而言,它是不可缺失的一部分。这门哲学将为我们的时代和处境(time and place)去完成过去那些伟大学说在其文化媒介中,以及为这种文化媒介所做的事情(过去的那些体系正是在这些文化媒介中兴起的)。

还有一种批评与上面的讨论相似,即关于哲学的工作和职能,这种批评还停留于对那些能够被"理智"所完成的事情的浪漫主义夸张上。假如"理智"这个词被当作过去时代一个重要学派所称为的"理性"或者"纯粹理智"(pure intellect)的同义词使用,那么,这个批评就是非常有道理的。但是,这个词意指某种与那被认为获取终极真理的最高机能或者"功能"完全不同的东西。它意指一种一直在发展壮大的观察、实验和反思推理的方法;这些方法在非常短的时间里,对生活的自然的条件①、在相当程度上也对生活的生理条件进行了革命;但是,这种方法本身明显而基本的人文性的因素还没有被开发应用。即使在探究自然的领域里,它还是一个新手;而在人文情境的各个方面,它还没有得到发展。要采取的改造,不是那种把"理智"当作某种现成的东西来应用的事情;而是要在任何人文和道德主题的探究中引入这种方法(观察、理论假设和实验测试的方法),正是通过这种方法,对自然本质的理解才达到其当前的程度。

就像那在科学探究存在之前发展起来的认知理论,不能为一种基于当前实际探究行为的认知理论提供范式或者模式一样,早期的体系反映了自然世界的前科学观念、前技术的工业状况,以及它们学说成型时期的前民主的政治状况,因此,它们也不能为当前的探究行为提供认知理论的范式。古希腊、特别是雅典(正是在那时候,欧洲古典哲学得以塑造成型)的实际生

---

① physical,也可译为自然的。在杜威这里,physical 与 natural 基本可互用。——译者

活条件,在知与行之间设置了一个显著的区分,这个区分被概括为理论与"实践"的完全分离。在那个时候,这个区分反映了某种经济结构,其中"有用的"工作大多是由奴隶来完成,自由人则从劳动中解放出来并由此而"自由"。显然,这样的状况也是前民主的。然而,在工业生产衍生出来的工具和过程成为观察和实验行为(这是科学认知的核心)所不可缺少的条件之后很久,在政治事务中,哲学家们还保持着理论与实践的分离。

显而易见,现在需要实行的改造的一个重要方面,与知识理论相关。其中,这个理论的主题需要发生一个根本的变化;新理论将考虑认知(也即有效的探究)如何展开,而不是假设它必须与由某种有机体机能独立形成的观念相符合。而且,尽管在刚才所指的那种意义上用"理智"(intelligence)替代"理性"(reason)是所需变化中的一个重要因素,但改造并不仅限于此。至于所谓"经验的"知识理论,尽管它们拒绝了唯理论学派的立场,但仍然按照它们所认定的所谓知识的充分必要条件来进行论述,使认知理论迎合于预先形成的有关"感觉-知觉"的信念,而不是从科学探究的活动中引出这种感觉-知觉来。①

值得注意的是,面对上文中提到的批评,这里首先不是为

---

① 心理学理论在这一点上的明显不足,参与了已经提到的形式主义的发展。不是利用这个不足作为心理学理论改造的根据,而是这个有缺陷的观点被当作心理学而接受下来,因此被用来作为一个关于认知的"逻辑"理论的根据。这个理论完全排除了所有涉及知识发展的实际道路。

了回应批评，而主要是论证改造为何紧迫而必须，其次是说明哪些地方需要改造。因为改造工作只能认真考虑以往的体系如何，以及在哪些地方蕴含了当前改造的必要，它并不承诺去发明和发展一种与当下为哲学观念和问题提供材料的状况相关联的哲学。

II

有人说，哲学从人类事务中产生，并且意在为人类事务服务。进一步说，这个观念蕴含着这样的看法，即对这个事实的认识，是现在所需要的改造的一个前提条件；但是，它并不仅仅意味着，哲学应当在将来与人类事务中的危机和紧张相关联。因为从哲学所发挥的实际效果来看（如果不是从哲学作为一门职业来看），西方哲学的伟大体系都被认为是如此激发而产生出来的。荒谬的是，这些体系声称它们对其所从事的东西总是充分了解的。它们在公众的面前，把自己的任务看作是去处理那些命名为存在（Being）、自然或者世界、作为全体的宇宙、现实、真理的事物。然而，不管使用什么名称，它们都有一个共同点，即都被用来指称某种被认为是固定不变的东西，是超出时代的永恒的东西。它们也被认为是普遍的、无所不包的事物，这时候，这个永恒的存在就被认为是高于并超出空间上的所有变化了。在这件事情上，哲学家们以一种概括的形式反思了流行的信念，这种信念认为，事件（events）是发生在无所不包的时间与空间之内的。一个熟知的事实是,开启了自然科学革命的人们认为,时空是彼此相互独立的,而且独立于存在的事物和在时空中发生的事件之外。我们假定了隐藏在事物背后的不变的东西,例如,空间和时间以及永恒的原子。这个假定主宰了"自然"科学。所以,我们不必奇怪,这个假定以一种更概括的形式成为哲学上的假设,是自然而然的;我们也不必奇怪,这个假定必然建立自己的结构体系。几乎什么也不认同的哲学在这一点上却是共同的,即,它们都假定哲学所要关注的是去追寻终极不变的、与空间和时间无关的东西。在自然科学的领域里,在道德标准和原则中,最近有了新发现。自然科学自身的发展迫使它放弃固定物的假定,承认对它来说是普遍的东西其实就是过程。但是,直到最近,这个事实在哲学领域中仍然只是作为一种流行的意见、一个技术的事实,而不是一个最具革命性的发现。

人们通常假定,道德需要永恒的、超时间的原则、标准、规范和目的,唯有如此,才能防止道德混乱。但是,这个假定已经不能诉诸自然科学的支持了,也不能通过科学来作辩护,道德(在理论上和在实践上)可以脱离对时空的考虑——也即变化过程。情绪的(emotional)——或者感情的(sentimental)——反应毫无疑问会否认这个事实,并拒绝在道德上使用现在已经进入自然科学中的立场和观点。但是,不管怎样,科学和传统道德两者之间,在按照各自的角度看什么样的东西是永恒不变的这一点上,一直是格格不入的。于是,在科学的"自然"主题和道德的"自然之外"的主题(如果不是超自然的)之间,形成了一条深广的不可跨越的鸿沟。一定有许多思想深刻的人,被这种分裂所带来的后果深深地困扰;他们将欢迎一种观念上的变化,这一变化将使自然科学的方法和结论能够应用于道德的理论与实践。我们所需要的改变,就是接受这样一个观点,即道德所探讨的问题也具有空间和时间上的性质。考虑到各种道德理论的纷争及其公共尊严的丧失,在这里所需要的牺牲对于那些不受已经成型的制度利益影响的人来说,似乎并不构成威胁。哲学的事业建立在永恒不变的事物的基础上,但正是这一职能和主题,而不是其他什么东西,致使它因为自己的骄傲自大而越来越失去公众的尊重和信任。因为它所要从事的工作现在被科学驳倒了,它只能从旧制度那里获得有力的支持,而那旧制度的权力所能得到的威望、影响和收益得依靠旧秩序的维持。而就在这个时候,人类状况如此纷乱不安,它比以往任何时候都更加紧迫地需要对那些历史上的哲学所做的事情进行广泛而"客观的"调查研究。对于那些既得利益来说,维持一种对时空超越者的信仰,以及人类("仅仅"是人类)堕落的信仰,对维护一种权威是必不可少的前提条件;这种权威,事实上已经被理解成从上到下全面管理人类事务的权力。

尽管如此,还是存在着一种关系中相对普遍性的东西。人类生活的实际条件和情形在其深度和广度上各有不同。为了弄清楚情形为何如此,我们不需要建立一种已被科学摧毁了的控制理论——这种控制是由来自人类生活之上和之外的自我推动、自我运动的力量实施的。相反,我们在试验观察的时候,使用假设把具体的事实连结在一个更广的时空体系中。这个态度代替了教条主义的态度,并开始在天文学、物理学、生理学等科学的多个领域中发挥作用。属于科学理论中的所谓"普遍性",不是指某种内在的东西,如通常所认为的上帝和自然,而是指一种应用的范围——是这样一种能力,它把事件从其明显的孤立性状态中带离出来,并将其安排到体系中,这些体系(正如所有生命物共同构成的那种状态)因为其中有变化即所谓的"生长"而保持为活生生的状态。从科学探究的角度看,接受某种结论是最终的,只能对其做一些数量上的扩张而不能进一步发展,这样的事情是非常有害的。

在我写这个导言的时候,我收到一份一位杰出的英国科学家最近的演讲稿复印件。他评论道:

> 专就科学来说,科学发现常常有意无意地被看作是创造出某些能够增加到旧的知识体系中去的新知识。这对于那些琐碎的发现来说,是真实的;但对于基础性的发现来说,就不是真实的。例如,力学定律的发现、化学的化合作用的发现、进化论的发现,这些发现最终推动了科学的

发展。在新知识创构成型之前,旧知识总要被解体或解构的。①

他继续提出一些特别的实例,来说明从沉重的习俗和惯例中解脱出来的重要性,这种习俗和惯例常常推动着每一种人类行动的方式,理智和科学探究也不例外:

> 最先发现细菌的是一位管道工程师,这不奇怪。同样,氧是被一位神论官员分离出来的,传染病理论由一位化学家所建立,遗传理论由一位僧侣学校的老师所创建,进化论由一个不适合大学植物学或者动物学教职的人所创立。

他总结道:"我们需要一个骚乱部(Ministry of Disturbance),这是一个让烦恼有节制倾泻的地方、一个毁坏常规的地方、一个打破自满的地方。"习俗的惯例甚至也常常使科学的探究变得僵化;它阻碍着探究之路,阻碍着富有创造性的科学工作者的道路。因为从职业上说,发现和探究是同义的。科学是一种探索行动,而不是去占有不变的东西;作为观点的新理论,比在

---

① C·达林顿:《康威纪念演讲》(Conway Memorial Lecture),见《社会与科学的冲突》(The Conflict of Society and Science),伦敦:沃茨公司,1948年。

数量上增加我们手中已有的储备,更应受到奖励。当演讲者说科学上伟大的革新者是那些"第一个对他们的发现产生害怕和怀疑的人",这将涉及习俗统治的问题。

　　这里,我要特别关注针对科学家所说的话对于哲学工作的影响。科学上的假设和哲学上的思辨(常常是贬义的)之间的界限,在新运动的开始时期是脆弱而模糊的——这些运动与"技术的应用和开发"形成对比。当一个新的革命性的世界观最终获得认同之后,它们就自然而然地发生了。在当时的文化背景中,那些现在看来是伟大的哲学家们所倡导的"假设",与那些已经在科学领域中作出了伟大的(同时也是破坏性的)创新的人们所提出的"思辨"是不同的,因为前者涉及更广阔的领域,具有更广的应用范围:他们的主张涉及的不是"技术性的"东西,而是深刻而宽广的人文事实。观察和处理事物的新方式是科学意义上的,还是哲学意义上的,那时候还没有办法辨别。后来,分类相对来说更容易了。如果其应用的领域是如此的专门、如此的有限,进入这个领域相对来说很直接——尽管表面上会伴有情感的骚动,那么,它就是一个"科学的"事件,达尔文的理论就是这样的情况。当其应用的领域是如此的广泛,以致不可能在某种特定的研究中一下子构成某种可应用的形式和内容,这个时候,它就被认定为是"哲学"的事件。这个事实并不表明其无效性(futility);相反,当代的文化状况有效地推动着"假设"的发展,以至于它能够对特定的观察和实验给予及时的指导。正是这些明确以事实为基础的观察和实验,构成了科学。科学探究的历史清楚地表明,正是在"现代",探究采取了"讨论"的形式,从科学上说,这肯定不是无用的、无聊的形式。因为就如这个词在词源上所蕴含的,这场讨论是一次震撼、一件激动人心的事情,它动摇了早期宇宙论对科学的统治。这个讨论时期及其带来的震动标志着这样一个时代的到来:把那些现在归类于"哲学"的东西,渐渐演变成现在归属于"科学"的东西①。"意见氛围"(climate of opinion)并不单单是"意见",它还是一个文化习惯的问题;这个文化习惯,决定着理智的、情感的和意志的态度。哲学史上的而不是科学史上的伟人所完成的工作,推动了科学运动思潮的兴起,而运动的结果就是取代旧本体论宇宙论的天文学和物理学。

不需要深奥的学问就可以看到,在那个时候,人们把这种新科学看作是对宗教以及和西欧宗教密切联系在一起的道德的恶意攻击。当19世纪生物学发生革命性变化的时候,情况也是如此。历史事实证明,那些"讨论"由于其范围非常广泛而深远,还没有在细节上展开(这正是科学的特征);但如果没有这项工作,科学将不会是现在这个样子。

---

① 值得提起,有相当一段时间,牛顿被归属于"哲学家"一类。对那个主题的划分,仍然按照"自然的"与形而上学的和道德的区分开来。甚至于其追随者,把他对笛卡尔的背离也处理为非物理科学的,而是"自然哲学"的。

III

然而,上述讨论的关键并不在于它与过去的哲学之间的关系,而在于它与改造的工作与主题之间的关系。今日的哲学,需要改造来重新赢得它过去曾有的活力。早期科学史上发生的事情非常重大,以致被称为"科学和宗教的战争"。然而,当把它与现在由于科学更普遍地进入生活之中而带来的情形相比较时,这个名称所指的那些事件就是有限的了,而且几乎是技术性的。科学当前延伸所及,通过教育行为及其提出的问题,通过美术以及工艺令人不安地影响着当代人生活的方方面面,从家庭和妇女儿童的地位到国际和国内交往的政治与经济关系。它们是如此多种多样、如此快速地发展着,以致无法被概括。此外,这些事件给我们带来很多急切需要立即关注的实践问题,以致人们一直忙于应付它们,没有时间对它们作出一个概括的或者理智的观察。它们就像贼一样,在晚上突然降临我们身边,在我们毫不知晓的情况下俘虏了我们。

因而,改造的首要条件就是提出一个假设来解释这个巨大变化为何如此广泛、深入和迅速。这里提供的假设是:人们在全世界范围里,在生活的各个方面所遇到的危机是由某种混乱造成的;这个混乱的根源在于,由科学研究者在其相对孤独和偏远的被称作实验室的技术工作室里所做的工作带来的过程、物质和兴趣,走进了日常生活。它不再是一个干扰宗教信仰与实践的问题,而是一个干扰短短几个世纪前在现代科学出现之前所建立起来的机构的问题。早期的"战争"不是由于争论中某一方的彻底胜利告终,而是以划分各自领域与权限的妥协形式结束的。在道德理想上,至高无上的东西仍然很陈旧,它们的旧形式基本保持不变。随着新科学的运用在许多实践事务上证明是有益的,新物理学和生理科学也被接受了,人们这样理解:它仅仅处理低级的物质关系,不能进入存在(Being)的较高的精神"领域"。这个"分离"导致了各种二元论,它们是"近代"哲学的主要关注点。在实际发生尤其是最近达到顶点的发展过程中,划分领域和权限的做法实际上完全瓦解了。我们可以从当前那些热烈而富有挑衅性的运动中看到这一点。运动中的人们接受"物质"与"精神"之间的分离,但同时也认为自然科学没有停留于它们所属之处,而是在实际上——并且时常在理论上——篡夺了确立某种态度和过程的权力,这种权力应该属于"更高"的权威。按照他们的观点,当前伴有冲突和焦虑的混乱、不安全、不确定的景象正因此而不可避免地产生了。

在这里,我并不想直接地反驳这个观点。的确,假如它被用来说明哲学改造的中心问题的话,我也可以认同它。因为它通过对比,指出了在现有条件下,理智与道德上开放的唯一方向。他们把自然科学看作是当前不可否认的弊端的根源,其最终的结论是认为应将科学限制于某种特别的制度"权威"之下。另一个选择就是广义(generalized)改造,它是如此根本性的,以致不得不通过认同如下说法而得到发展:虽然由于当前"科学"进入我们的公共生活方式中而产生的弊病不可否认,但之所以这样,是因为我们没有采取系统的努力去使基于旧制度性习惯的"诸道德"经受科学的探究与批评。所以,这就是哲学要做的改造工作。为了推进对人类事务和道德活动的探索,改造工作必须进行。这正是过去几个世纪以来,哲学家为了提升在人类生活的自然与生理的各种条件和各个方面的科学探究所做的事情。

哲学需要关注人类现状,重新获得其正在失去的生命力,这一观点的关注重心并不在于否定科学进入人类的各种活动与兴趣存在其破坏性方面。的确,在这里表达的关于哲学中需要改造的观点其关键是这样的:科学对日常生活的关注,也就是对旧事物的敌意性改变,是导致当前人类状况的主要因素。而且,当人们带着可怕的偏见攻击科学要为它带来的破坏负责时,它也应为它忽视了人类自然积累起来的许多重大利益而感到歉疚。这个时候,我们不能通过制作一张人类得失的平衡表并指出得多于失来面对这种攻击。

事实上,事情要简单得多。当前对科学的攻击所依据的前提是:旧的社会习惯,包括制度信念,为科学对社会生活的影响提供了一个充分的,实际上是最终的评判标准。那些坚持这个前提假定的人蓄意地否认,在造成今天这样困局的过程中,"科学"是有同谋者的。我们只要稍微注意一下就可以看到,在前科学时代的那些社会事务中（这些社会习惯没有被科学探究转化成后来出现的与科学探究相适应的那些道德原则），科学不能单独地空转。

从一个简单的例子就可以看出孤立地看待科学所导致的缺陷和混乱。使用原子核裂变所带来的破坏性后果常被用来攻击科学，但被人们忽略甚至被否认的是，这个破坏性后果只会在战争中出现，而且是源于战争的存在。战争作为一种社会现象，比任何与科学探究相似的人类活动要早千年、万年。在这个情况下，破坏性后果直接源于以前存在的社会条件，这是非常明显的，用不着争论。但是，这并不证明每一个地方、每一个时候的情况都是如此；不过，它对于我们当前不负责任的、不分青红皂白的教条主义，的确是一种警示。它给予我们明确的忠告，让我们想起那些非科学的社会条件；正是在那些条件下，实践和理论上的道德获得了形式与内容。我们去关注这个不能被否认但却被蓄意忽视的事实，其目的与从一般的角度或从特定情况出发来对科学探究者的工作进行评价的意图，并不是完全不相关的。它是要将注意力引向那个显著的、引起科学探究的事实。科学探究的发展是不成熟的；在人类所关心的事情、利益和主题上，它还没有超出物理学和生理学的探究思路。因此，它的作用还是片面的和夸大的。科学探究进入其中并在其中发挥影响的社会制度条件，迄今还没有受到任何科学意义上的认真而系统的探究。

这种社会条件和当前哲学之间的关系,以及和应该进行的改造之间的关系,是这篇导言的主题。在继续这个主题之前,我想就道德的当前状况说一说。我们应该记住的是:"道德"这个词既代表一种与是非好坏相关的社会文化事实,也代表一种在检查和评价具体事实时要依据的目的、标准、原则方面的理论。现在一个简单的事实就是:对属于人类事务的任何探索都必然进入诸道德的独特领域之中,不管它是否意图如此,也不管它是否意识到,它都会如此。当"社会学的"理论基于牵涉到的"价值"与科学研究没有关系这一点,而从对人类文化中的基本利益、关注点以及活生生的目的考虑中退出来的时候,不可避免的后果就是:人文领域的探究受制于肤浅的、相当琐碎的东西,无论它展示什么样的技巧。但是,另一方面,如果探究试图以批判性的方式进入完全意义上的人文领域的时候,它就以反对前科学时代巩固起来的各种偏见、传统和制度性习惯的方式出现了。这是因为,宣称道德在其两种意义上都是在现在所理解和实践的科学诞生以前的时代就形成了的前科学的产物,这是同义反复,而不是宣告一个发现或者推论。而且,当具体的人类事务被广泛改变时,我们仍然在事实上拒绝构造一种道德探究的方法,从而使现存的道德(在理论和实践两种意义上)变成反科学的东西,这种做法是不科学的。

如果已经有理智的立场、观点或者哲学上称作"范畴"的东西作为探究的手段,那么,情况就相对简单一些。但是,假定它们随时能被应用，也就是假定反映前科学状态中的人类事务、关怀、兴趣与目的的理智成果，就足以应付这样一种在极大程度上与新兴科学日益密切相关的人类处境。一句话，就是决定延续当前飘忽不定和不确定的状态。如果上面的说法能被准确理解的话，那么，在此提出的关于哲学中的改造（reconstruction in philosophy）的观点也就是显而易见的。从这里采取的立场来看，改造的工作可以这样说：完全就是去开发、构造和生产（在这个词的字面意义上）理智工具，它将逐渐地把探究引导到深刻的属人的（也就是道德）当前的人类现状。

第一步，即在大体方向上采取进一步措施的前提条件，确切地说，就是认可人类当前的情景——无论善恶害益——是现在这个样子，这是因为，植根于自然探究（physical inquiry）中的事物进入日常公共（在普遍与共同的意义上）生活之中。"科学"的方法与结论并不局限于"科学"之内。即使那些把科学想象成一个自我封闭、独立实体的人们也不能否认，事实上，科学并非一直如此。把它看作是一个实体、一种理论上万物有灵论的神话，那些把科学看作是人类当前悲哀之源（*fons et origoa*）的人们犯的就是这个错误。迄今深刻而广泛地渗透进人类实际生活事务中去的科学，是片面而不完满的科学：它在自然方面是胜任的，现在对于生理学方面的状况也日益胜任（从医药与公共卫生方面的发展可以看出来）；但是，对于人来说极其重要的事情——即那些属于人的、为了人的和由人而来的特别的观念——却还不胜任。那些观察与理解人类当下状态(estate)的各种理论都会留意到生活中存在着的巨大的分裂,这种分裂来源于两种行动的不协调:一种是证明前科学时代的道德并使之永恒化的努力,一种是在突然由科学决定的特定情境下的努力——科学对生活的影响已经越来越广泛了,但科学自身还是片面的、不完满的,因此在影响发挥上必然是片面的。

IV

在前面,我们已经好几次提到17世纪、18世纪和19世纪的那些哲学家,他们的杰出是因为理清了在理智和情绪上都被吸收进西方文化的那些宇宙论和本体论残余的根基。但是,那些逐渐变革了天文学、物理学(包括化学)以及生理学等特殊探究领域的人们,并没有被看作是哲学家。作为历史事实,哲学家完成了这样的工作,他们促成了被人们接受的文化氛围和习俗,而这是科学家开展工作必不可少的前提条件。对此以及它对哲学改造的影响,我还想说的是:在做专门的研究工作时,科学家设计了一种探究的方法,这个方法范围如此宽广、如此敏锐、如此普遍深入,它提供了某种模式,而这种模式允许甚至是需要哲学来阐述。这种认知方法在运用时可以自我纠正,它既从成功中获得经验,也从失败中吸取教训。这种方法的核心,在于它看到了探究即是发现。在自然科学专门化的、相对技性的活动中,发现、揭示新事物,遗弃旧事物这个职能被认为是理所当然的。然而,在各种理智活动中,这个职能的重要性是类似的;但是,人们还没有看到这一点:在被分离为"精神的"与"观念的",尤其是在有关道德的事物上,单单"发现"这个观念就会使许多人震惊,而这些人在其特殊探究领域中却把发现这个观念看作是理所当然的。众所周知,当"发现"是科学和理论的时候,与它实际相关的活动是"发明";在人类事务的物质方面(physical aspects),现在甚至有一种方法能够用来概括各种发明是怎么发明出来的。在那些特别是有关人类的事情上,发明很少发生,只有在紧急的情况下才发生。在广泛深远的人类事务及其关系中,仅仅"发明"这个念头就能唤醒恐惧与敬畏,因此发明被认为是具有危险的、破坏性的。这个重要但很少受到关注的事实,被假定为就是属于诸道德作为道德的本质。这个事实既证明了要进行改造,又证明了实施这种改造的极端困难。

最终调和了——而不是完全铲除——早期的科学与传统社会习惯之间分裂的是一份休战协定(truce),而远没有达到一体化。事实上,这个协定所使用的方法和一体化毫不相干。它僵化地把人类行动的兴趣、关怀和目的分成为两个"领域",或者用一种古怪的话来说,是两个"圈子"(sphere),而不是两个半球(hemisphere)。其中一个被认为是"高贵"的,因而对另外一个而言,拥有至高无上的权限;而另一个被认为内在地就是"低贱的"。那个被认为是高高在上的东西被冠名为"精神的"、理想的,是与道德同一的;而另外一个就是"物质的",它由新的自然科学方法所规定。由于低级,所以它是物质的;其方法只是适合于物质的以及感官知觉(sense-perception)的世界,而不适于理性与启示(revelation)。这个新的自然科学只能被迫待在自己的领域里,并只能关注自己的事情,这些领域和事情预先被规定好了。对于哲学来说,其结果就是:它是给哲学带来诸多"现代问题"的各种二元论的温床。这是文化状况的一种反映,这些文化状况正是道德与自然之间分离的原因。这些话代表了一种努力,即一方面去获取把新科学"运用"到日常生活事务中的那些实际好处,如安逸、舒适、方便与能力;另一方面,那些被冠以"精神的"高尚道德的事情则仍然要保持完整的、至高的权威。最终成为人们(正是这些人提出了新方法,并运用这一方法对传统上把自然理解成宇宙的所谓科学论述进行了革命性的改造)最可依赖的同盟者的,是新科学在物质上与功利性的优势,而不是任何对新方法的理智意义——更不要说伦理意义——的认可。

  停战维持了一段时间,它所表现出来的平衡显然是不稳定的。这种状态好像要保存一块蛋糕而同时又要吃掉它。一方面,它要努力享受新科学带来的实际的功利性的好处;另一方面,它要防范新科学对传统社会中作为各种规范和道德原则的基础的那些习惯和信念产生破坏性的影响。其所产生的结果是,两者之间的分界线不可能泾渭分明。从整体上看,新科学的运用而产生的结果不断影响到名义上为"精神"保留的价值与行动,尽管这不是刻意的(不过,还是有一批"进步"的哲学家们谨慎地鼓励着这种倾向)。这个影响的过程就是所谓的世俗化过程(secularization),而从这个运动的发展来看,它被看作是对神圣精神的一种亵渎。即使在今天,那些几乎完全不接受传统教会制度以及与其相关的形而上学的人们,在谈到世俗化的时候,还带有遗憾甚至是歉意。新科学的方法和精神在于"探究";它必然引起"发现",因此旧的观点和结论就得让位于新的。要真正地推广这种精神,我们要抓住的机遇就是去构造世俗化过程的各种因素的形式、内容,以及赋予其权威——这种权威在名义上属于道德,但实际上,那些从前科学时代继承下来的道德已经不再具有这种权威了。这种权威的丧失,体现在旧的人性学说的复兴——用人性的内在堕落来解释道德权威的丧失,也体现在对人类未来的盛行的悲观主义之中。如果人们把以前科学时代的行动与信念为基础的社会传统当成是终极的、不变的,那么,这些抱怨与怀疑就持之有理。然而,如果这些抱怨和怀疑果真是以这个观念为基础的话,那么,它们将对我们建立一种能够实际有效指导道德活动的道德理论提出巨大的挑战——要知道,这些道德活动将会利用现有的资源,为人类的活动和利益提供能够代替原有的混乱且其范围在历史上前所未有的广阔的秩序和安全。

现时最流行的抱怨和宣传主要关涉三件事情,它们是:(1)对于自然科学的攻击;(2)这样一种学说认为,人类本性堕落不求助于一个外在于人、外在于自然的权威,就完全不可能形成代表稳定、公平和(真的)自由而运作的道德;(3)由某些特定社会组织的代表所提出的主张,他们认为,单靠自己就能完成需要做的事情。我在这里提到这件事情,并不是为了要直接地去批评它,而是因为它代表了一种立场,这种立场为哲学从与己无关的冷漠中走出来,指出了一个方向。形成鲜明对比的,是它指向了哲学可以前进的另一个方向:有计划地去观察和陈述在新科学革命影响下的人类未来;做到这一点的前提条件,是坚决而明智地发展一套建立在现有条件基础上的信念-态度体系、一门哲学。

这个问题实际上是攻击新科学和大范围谴责人性的结果,也是希望全面恢复古代中世纪制度权威的产物;简单地说,即我们是否沿着新条件所指示的方向进步着,或者是否这一点在本质上并不值得信赖,因此必须将它们置于一个外在于人类、外在于自然(至于"自然的"意义则由科学的探究所决定)的权威之下?全面地洞察这种哲学方向上的差异,我们就会认识到,那些号称"现代的"东西仍然没有成型,还不成熟。混乱的冲突与动荡的不确定性说明,新事物和旧事物还没有融合到一起,真正现代的东西还没有诞生。哲学要承担的职责不是去从事实际的生产,这个工作只能由具有良好意愿的男男女女坚决而有耐心的合作行动来完成，由每一种有用的职业来完成，而且还不知道需要多长的时间。那种认为哲学家、科学家或者任何一个团体组成一群神圣的牧师以受托这个工作的主张，是荒谬的。但是，就像最近两个世纪里，哲学家在促进自然探究上完成了一件必需而有用的工作一样，他们的后继者在促进道德的探究上，也将面临类似的工作。那种探究的各种结论自身将会建构成一套完整的道德理论，以及一种以人为主题的实践科学（working science），正如他们的先驱者促进了人类生存的物理和生理条件的形成和成熟。但是，这一点在构建一门道德人文科学的工作中，将会扮演一个积极的角色。道德人文科学将作为一个必要的前提，改造人类生活的实际状况，从而建立起一种秩序，创建一种比人们现在所能享受到的更加完满的生活。

各种哲学是如何、在哪里以及为什么会适应古代与中世纪的条件，适应过去这几个世纪的条件？——在这几个世纪中，自然科学在人类场景（scene）中的出现却与人类处理当前事务的理智如此不相关，以致成了一种破坏性的因素。去揭示这一点本身就是一项富有挑战性的理智任务。就像早先表明的，改造不是挑毛拣刺或者发发牢骚就可以完成的事情。严格地说来，这项理智工作需要对过去的哲学体系和现在的文化环境之间的关系有一个广泛的学识，正是这些文化环境为这项理智工作提出了问题，并且形成了不同于流行见解的一种新科学知识。而且,当这项理智活动摆脱了前科学、前技术——工业的和前民主的政治时期形成的习惯所施加于它们之上的沉重负担时,它们否定性的一面必然涉及一些价值的全面探究,这些价值属于在最近和当下的科学、技术以及政治的运动中诞生的真正的新东西。

现在,我们常会遇到这样一个日盛的趋势,它反对那种认为科学和新技术要为当前的各种罪恶承担责任的观点。人们已经认识到,作为手段,科学和技术很强大,能给我们提供很多有用的东西。我们现在所需要的是:同样有力的道德上的更新,只有这样,才能更好地为实现真正的人的目的而使用那些手段。这个立场与那种攻击科学和技术在特定的社会上使事物从属于它们的立场相比,的确有了显著的进步。只要它觉察到问题的核心在道德或人文上,那么,它一定会得到认同。但是——至少在我所遇到的情况下——它有一个严重的缺陷。看起来好像我们已经拥有了一套现成的道德体系,为我们使用那些日益丰富的科技手段设定了目的。然而,当我们支配的手段各有不同而把这些手段固执地塞进已经设定好的目的时,是有困难的;实际上,我们忽视了这个困难。但是,着眼于理论或者哲学,比这更重要的事实是:手段(包括单纯的手段)和目的(包括本质上内在的目的)之间的分裂仍然完好无损。因此,实际上,一个重要的可以联系道德来考虑的问题就被不幸地忽视了,尽管这不是故意的。

从它们的本性来看，目的和手段之间的分裂根源于一个旧时代，在那个时代，"有用的"活动是指那些在生理上而不是道德上给人们提供服务的活动；这些活动由奴隶和仆人来完成，而那些从低贱的物质性劳动中解放出来的自由人则享受着这些服务。与这种互相适应的情况类似的是，在今天这个新时代，我们所掌握的资源在质和量上都各有不同，因此，首要的任务就是要为使用我们的新手段找到新的目标、理想和标准。使已经彻底改变了的手段适应至多只是在其固定的范围里被改变了的目的，这在逻辑和道德上都是不可能的。一直持续着的对手段和机遇的彻底的世俗化，已经革命性地改变了我们的生活，扰乱了旧日的生活秩序。只有在我们用清晰的理智和体系建立一套新的目的、标准和道德原则之后，才能促进和谐和秩序，否则，一切都是白费力气（在实践上也不可能）。

简而言之，无论从什么角度来理解，哲学改造的问题之产生都是因为我们想要揭示：那些在科学上的运动，以及相伴而来的工业上和政治上的混乱的、不成熟的运动，该如何完成自己的使命？要想推进这个运动在其方向和动力上顺利完成自己的使命，我们首先需要的是一套人性的、能够用来建构道德秩序的目的和标准。

为了未来，我们需要进行这样的改造，哪怕是局限于哲学的领域。我们需要通过改造来完成尚未完成的任务。要想令人满意地列出这个过程牵涉到的哲学问题，必须等到这个方向上的哲学运动超出目前已达到的水平。但是，下面这个重要的问题还没有得到足够的重视，即单纯的手段和自在的目的之间的鸿沟——这是把人分为高等的自由人和卑贱的奴隶的理论后果。行动的、实践的科学已经完全打破这些分离和孤立。科学探究产生了曾经被认为是实践的(在一种低级的功利的意义上)那类行动、材料与工具，并将其与科学探究融为一体。天文台里的工作方式，以及物理实验室里的工作方式，对此就是一个很好的说明。形式理论至今还是远远落后于科学实践理论。事实上，在科学探究中，理论已经不再以最终断言的方式，而是以假设的方式来表达。这个事实在特定的范围以及一般的范围中对道德尚未言明的意义，还有待哲学来指明。因为在那些被看作是道德的事物中，固定不变的、静止的事物仍然占据着主导地位，即使那些道德理论家和道德教条主义者还在为到底是什么样的目的、标准和原则才是终极的、永恒的、放之四海而皆准的争论不休。在科学上，不变的秩序已经不可避免地成为"过程"中相互联系的一种秩序。要想发展可用来探究人文道德的一套工具，对哲学改造来说，最紧迫的任务就是系统地探究"人类"发展的进程。

　　现在就来关注只有在后面的文本中才能提出来的某些流行的错误观点，还为时过早。我想明确得到的结论，也就是在这个导言的前文中反复提到的那个观点。一直受到质疑的是：这里提出的哲学的职能和主题，会使那些认同它的人们以为，哲学所做的工作，也就是那些所谓的"改革者们"（不管是贬义还是褒义）所做的工作。在字面意义上，"再-改革"和"再-改造"①有着密切的联系，但是，这里提出的"再-改革"或者"再-改造"，严格说来是这样一种理论，即它的范围非常广阔，足以成为哲学。在一种被改造了的哲学中，我们需要做的事情之一，就是说明为什么在理论和实践之间的鸿沟不再存在，因而像霍尔姆斯（Justice Holmes）这样的人就可以说，理论是世界上最具实践性的东西，无论好坏。一个人的确可以希望，这里提出的理论的事业将承担解决实践问题的责任，而且是一劳永逸的解决。但是，这个成就是人类作为人的功劳，而不是他们以任何专门的职业能力所能获得的。

---

① 杜威在这里使用"re-form"和"re-construction"，而不是"reform"和"reconstruction"，以强调"再"（re-）的意义，即重新构造、构成一种新哲学的愿望。故而译为"再-改革"、再-改造。——译者

修订版译后记

39卷本的《杜威全集》在刘放桐先生带领下，在学界与出版界同仁共同努力下，于前几年分期翻译并由华东师范大学出版社出版发行了，这为我们全面深入研究杜威与实用主义哲学提供了便捷的条件。其中，我主导翻译的杜威中期著作第12卷，主要由杜威代表作之一《哲学的改造》所组成。现在华东师范大学出版社希望出单行本，我欣然接受朱华华女士的邀请，对原翻译进行修改校订。

翻译中的信、达、雅表示三个不同的层次：意义的准确性、语言的通达性、文字表达的艺术性。这次对杜威《哲学的改造》的翻译修订，更多地关注于通达性方面，例如，第四章原来标题是"变化了的经验和理性的概念"，现在改为"经验与理性的观念转变"，不仅更通达，而且避免歧义；第五章标题也类似；第八章原来标题是"影响社会哲学的改造"，现在改为"改造影响社会哲学"。虽然从英文原文的表达考虑，几个章节标题原有译法从字面上看更准确，但在中文语境里作为章节标题有些别扭，修改之后显得意义更为通达，而且并不影响其文字的准确性。

在《哲学的改造》中，杜威倡导改造主客两分的传统偏理性的认识论模式，并把哲学之思与现实世界的问题紧密联系起来，这是黑格尔动变思想对康德静观思想的校补的一种更激进的延续，从抽象的思辨转向经验世界，因为经验世界里发生了、并正在继续爆发前所未有的科技革命，以及由此而引发了触及人类社会从经济、政治、社会组织结构和思想文化等各个层次的激剧变迁,与之相比,我们沉浸于静观世界的哲学沉思需要调整、转变其关注的焦点。

然而,哲学仍然是思的学问,而不是科学技术、试验说明书。它既要观照巨变的时代之声,也要保持现实与历史双重的、有逻辑的整体性,需要遵循哲学自身发展的逻辑整体性。这需要一种层次性的哲学思维结构。杜威究竟在何种意义上具有明确的层次性意识呢?重读杜威的《哲学的改造》,对回答这个问题具有重要的哲学史价值。因为,在大多数学者看来,作为实用主义集大成者,杜威的哲学论述缺乏分析哲学的语言清晰性,也没有欧陆哲学的那种思维结构性,虽然他对许多问题,尤其是现实问题具有独特的现实观照,但在深刻的哲学维度上却被实用主义的标签置于模糊不清的境地。因而,尽管杜威的这种面向现实实践的焦虑对于政治家、社会活动家乃至社会大众来说,表现了那个时代社会巨变的一种思想呼声。但对于审慎的哲学专业的研究及其发展来说,则另当别论了,因为基于语言分析的研究路径已展现出哲学清晰化的生命力。

不过,在面向生活世界或者现实经验世界的这个根本层次上,分析哲学仍然从包括杜威哲学在内的古典实用主义那里汲取了丰富的养分,进而发展出新实用主义。这表明杜威哲学的跨层次性的力量、超越时代的生命力。就如小霍尔姆斯所说,杜威的书阅读起来让人感到直触世界深处的亲切。杜威虽然用词激烈，但这恰恰反映出他对现实社会层面上的实践观照，这一点与马克思那句名言"哲学家只是在用不同的方式解释世界，而问题在于改造世界"何其相似。如果说康德自比于"哲学中的哥白尼革命"，把人类认知的传统模式颠倒过来，那么，杜威则希望哲学关注现实社会问题，关注如何充当人与社会、人与世界之间的工具与方法。

因为让读者拥有一个更准确、更顺畅通达的文本，是翻译的基本要求，出于这一考虑，我认真对待此次翻译修订工作，几乎每一页都有好几处修改，好几处改动还比较大。尽管如此，本书的翻译修订不可避免还会有疏漏之处，敬请读者批评指正，在此表示感谢！

刘华初

2018 年 10 月

图书在版编目(CIP)数据

哲学的改造/(美)约翰·杜威著;刘华初,马荣译.—上海:华东师范大学出版社,2019
ISBN 978-7-5675-9090-8

Ⅰ.①哲… Ⅱ.①约…②刘…③马… Ⅲ.①哲学理论—美国—现代 Ⅳ.①B712.51

中国版本图书馆 CIP 数据核字(2019)第 110369 号

杜威著作精选
哲学的改造

著　者　(美)约翰·杜威
译　者　刘华初　马　荣
审　订　刘放桐
责任编辑　朱华华
责任校对　王丽平
装帧设计　卢晓红

出版发行　华东师范大学出版社
社　　址　上海市中山北路3663号 邮编 200062
网　　址　www.ecnupress.com.cn
电　　话　021-60821666 行政传真 021-62572105
客服电话　021-62865537 门市(邮购)电话 021-62869887
地　　址　上海市中山北路3663号华东师范大学校内先锋路口
网　　店　http://hdsdcbs.tmall.com

印刷者　上海展强印刷有限公司
开　本　890×1240　32开
印　张　6.75
字　数　117千字
版　次　2019年7月第1版
印　次　2019年7月第1次
书　号　ISBN 978-7-5675-9090-8/B·1181
定　价　48.00元

出版人　王　焰

(如发现本版图书有印订质量问题,请寄回本社客服中心调换或电话021-62865537联系)